TABLEAUX

D'HISTOIRE COMPARÉE

DE 1878

A L'EXPLOSION DE LA GUERRE DE 1914

PAR

GUILLAUME II

TRADUIT PAR CAMILLE JORDAN, MINISTRE PLÉNIPOTENTIAIRE

PARIS

ANCIENNE LIBRAIRIE SCHLEICHER

ALFRED COSTES, ÉDITEUR

8, RUE MONSIEUR-LE-PRINCE, 8

1923

TABLEAUX

D'HISTOIRE COMPARÉE

Il a été tiré, de cet ouvrage, cinquante exemplaires sur papier de Hollande Van Gelder Zonen numérotés à la presse de 1 à 50.

TABLEAUX

D'HISTOIRE COMPARÉE

DE 1878

A L'EXPLOSION DE LA GUERRE DE 1914

PAR

GUILLAUME II

TRADUIT DE L'ALLEMAND PAR CAMILLE JORDAN, MINISTRE PLÉNIPOTENTIAIRE

PARIS

ANCIENNE LIBRAIRIE SCHLEICHER

ALFRED COSTES, ÉDITEUR

8, RUE MONSIEUR-LE-PRINCE, 8

—

1923

Les « Tableaux d'histoire comparée » ont été composés en 1919 par Sa Majesté l'Empereur Guillaume II, et complétés depuis, à l'aide des documents dont il a obtenu connaissance. Destinés, à l'origine, à l'usage personnel de l'Empereur, ils ont été imprimés, en 1920, à un petit nombre d'exemplaires et communiqués à un milieu restreint. Le journal néerlandais *Het Volk* qui, par une voie inconnue, était entré en possession d'un exemplaire, a publié les Tableaux au printemps 1921. Par suite, contrairement à la volonté de l'auteur, ils sont parvenus à la presse. Sur des instances multiples, l'Empereur s'est maintenant décidé à livrer ces Tableaux à la publicité.

L'idée qui a inspiré l'Empereur, en rédigeant ces Tableaux, est de fournir un exposé synoptique de faits strictement historiques, permettant au lecteur de se former un jugement personnel sur l'évolution politique de la situation du monde, depuis le Congrès de Berlin de 1878, et sur les antécédents historiques de la grande guerre.

L'Empereur a affecté le produit de son travail au « Fonds de secours de la science allemande ».

Leipzig, décembre 1921.

K. F. Koehler, éditeur.

GÉNÉRALITÉS	ALLEMAGNE	AUTRICHE-HONGRIE	ITALIE	ANGLETERRE
		1878		
13 juin au 13 juil. Congrès de Berlin sous la présidence de Bismarck. Pontificat de Léon XIII (1878 à 1903).	Depuis le Congrès de Berlin, les relations avec la Russie empirent. Extrait d'un rapport du ministre de Belgique à Berlin du 17 mars 1882 : « L'Allemagne ne doit pas se dissimuler que le panslavisme envisage le traité de Berlin (Congrès de Berlin) comme une défaite, et qu'il travaille à en tirer une revanche. » [1]*	Prise de l'administration de la Bosnie et de l'Herzégovine.	*9 janv.* Roi Victor Emmanuel † Avènement du Roi Humbert.	*4 juin.* Alliance avec la Turquie. Prise de l'administration de Chypre.
		1879		
	7 oct. Alliance austro-allemande pour la protection de l'Autriche contre la Russie et pour la protection de l'Allemagne contre la France. [2] Passage à la politique de protection douanière.	*8 oct.* Retraite du comte Andrassy. Ministre des Affaires Etrangères. Successeur : baron de Haymerle.		*26 mai.* Soumission des Afghans. *3 sept.* Soulèvement à Kaboul. Continuation de la guerre avec les Afghans.
		1880		
4 juin au 3 juil. Conférence de Madrid : Reconnaissance de la souveraineté et de l'intégrité du Maroc. *16 juin au 1er juil.* Congrès de Berlin : Attribution de presque toute la Thessalie et de l'Epire du sud à la Grèce.	*Avril.* Rejet, par le Reichstag, du projet de loi sur les îles Samoa, déposé par Bismarck. Action commune avec la France à la Conférence de Madrid, contre l'Angleterre.			Evacuation de l'Afghanistan. Ministère libéral (jusqu'en 1885) de Gladstone, à la place de Disraëli.

     * Les chiffres entre crochets se réfèrent à la Table des sources à l'Appendice.

FRANCE	RUSSIE	BALKANS	TURQUIE	AMÉRIQUE	JAPON

1878

FRANCE	RUSSIE	BALKANS	TURQUIE	AMÉRIQUE	JAPON
	La situation prépondérante de la Russie dans les Balkans, acquise par le traité de San Stefano (mars 1878) n'est pas maintenue au Congrès de Berlin. Depuis, les relations empirent avec l'Allemagne. (« Revanche pour San Stefano ».)		*4 juin* Alliance avec l'Angleterre.		

1879

FRANCE	RUSSIE	BALKANS	TURQUIE	AMÉRIQUE	JAPON
3o janv. Jules Grévy, Président (jusqu'en 1887), comme successeur de Mac Mahon.	*8 fév.* Paix avec la Turquie.		*8 fév.* Paix avec la Russie.		
		29 juin. Election du prince Alexandre de Battenberg comme prince de Bulgarie.	*24 juin.* Déposition du Khédive Ismaël d'Egypte par le Sultan. Successeur: Mehemed Tewfik (jusqu'en 1892).		
Déc. Cabinet nationaliste Freycinet.					

1880

FRANCE	RUSSIE	BALKANS	TURQUIE	AMÉRIQUE	JAPON
Action commune avec l'Allemagne à la Conférence de Madrid, contre l'Angleterre. Conversations entre Freycinet, Président du Conseil des Ministres, et le prince Orlow, ambassadeur de Russie, au sujet d'un rapprochement entre la Russie et la France. [3] Cabinet Jules Ferry (jusqu'en 1881).	1880-1881. Conquête du Turkestan.		*Juin.* Note de réforme des Puissances au sujet de l'Arménie.		

GÉNÉRALITÉS	ALLEMAGNE	AUTRICHE-HONGRIE	ITALIE	ANGLETERRE
1881				
	18 juin. Entente entre les Trois Empereurs (l'Empereur Guillaume I, François-Joseph I, Alexandre III). [4]	*28 juin.* Traité secret d'alliance avec la Serbie. (pour 10 ans). [5] Baron de Haymerle†. Le comte Kalnoky, Ministre des Affaires Étrangères.	*1er février.* Le Roi Humbert à Vienne. *Mai.* Mécontentement contre la France à cause de la Tunisie. *Oct.* Le couple royal italien à Vienne.	*Août.* Traité de Prétoria. Autonomie du Transvaal sous la suzeraineté anglaise.
1882				
	20 mai. Triple Alliance entre l'Allemagne, l'Autriche-Hongrie et l'Italie, pour se défendre contre une attaque non provoquée de la France ou de la Russie. [6]			*11 juin.* Bombardement de la ville ouverte d'Alexandrie. Occupation de l'Egypte.
1883				
	15 juin. Loi d'assurances contre la maladie. *3o oct.* Alliance de l'Allemagne et de l'Autriche-Hongrie avec la Roumanie (pour se défendre contre une attaque non provoquée). [7] Participation du Roi Alphonse XII d'Espagne aux manœuvres allemandes.			Lord Cromer, ministre plénipotentiaire en Egypte (jusqu'en 1907).
1884				
28 juin au 2 juillet. Conférence de Londres au sujet de l'Egypte. *15 nov. au 26 fév. 1885.* Conférence du Congo à Berlin. Les Puissances continentales unanimes dans leur politique contre l'Angleterre.	Fondation de la puissance coloniale allemande. Acquisition du Sud-Ouest africain allemand, du Togo, du Cameroun, de l'archipel Bismarck, et d'une partie de la Nouvelle-Guinée. *27 mars.* Renouvellement de l'entente entre les Trois Empereurs (Allemagne, Russie, Autriche-Hongrie). [8] *6 juillet.* Loi d'assurances contre les accidents pour les ouvriers de l'industrie. *15 au 17 sept.* Entrevue des Trois Empereurs à Skierniewice (l'Empereur Guillaume I, François-Joseph I, Alexandre III).			Fondation de l'*Imperial Fédération League* pour une union plus étroite de l'Angleterre avec ses colonies. *26 fév.* Traité anglo-portugais relatif au bassin inférieur du Congo. *27 fév.* Traité de Londres : Renonciation partielle à la suzeraineté anglaise sur le Transvaal. *12 mai.* Protestations de la part de l'Allemagne et de la France contre le traité anglo-portugais du 26 février. *16 oct.* Annexion de Berbera (Egypte). *22 oct.* Protectorat sur la côte sud-est de la Nouvelle-Guinée.

FRANCE	RUSSIE	BALKANS	TURQUIE	AMÉRIQUE	JAPON
1881					
12 mai. Protectorat sur la Tunisie. *Nov.* Cabinet Gambetta (jusqu'à janv. 1882).	*13 mars*. Le Tsar Alexandre II †. Avènement d'Alexandre III (jusqu'en 1894). *18 juin*. Entente des Trois Empereurs (avec l'Allemagne et l'Autriche-Hongrie). [4] Traité de limites avec la Perse.	*28 juin*. Traité secret d'alliance de la Serbie avec l'Autriche - Hongrie. [5] La Roumanie, Royaume. Roi : Carol (prince de Hohenzollern).	*24 mai*. Acceptation des décisions du Congrès de Berlin 1880.	Président Arthur, républicain (jusqu'en 1885), successeur de Garfield.	
1882					
Janv. Chute de Gambetta. Deuxième Cabinet Freycinet. Tension avec l'Angleterre au sujet de l'Egypte.	*9 avril*. de Giers, Ministre des Affaires Etrangères, à la place de Gortchakow.	La Serbie, Royaume. (Roi : Milan Obrenowitch.)			
1883					
Cabinet Jules Ferry (jusqu'en 1885). *8 juin*. Deuxième traité de protectorat avec la Tunisie. *21 août*. Deuxième traité de protectorat avec l'Annam. *1883 à 1885*. Conquête de Madagascar.		*30 oct*. Alliance de la Roumanie avec l'Allemagne et l'Autriche Hongrie [7]	Le lieutenant-colonel Colmar, baron von der Goltz, directeur des écoles militaires (jusqu'en 1895).		
1884					
Guerre avec le Tonkin et la Chine (jusqu'en 1885).	Soumission des Turkmènes. Prise de Merv. *27 mars*. Renouvellement de l'entente des Trois Empereurs. [8] *Avril*. Émission d'un emprunt en Allemagne. *15 au 17 sept*. Entrevue des Trois Empereurs à Skierniewice.			*Avril*. Le Gouvernement de l'Union reconnaît, le premier, la Société africaine du Congo, du Roi des Belges.	

GÉNÉRA-LITÉS	ALLEMAGNE	AUTRICHE-HONGRIE	ITALIE	ANGLETERRE
	1885			
26 fév. Acte du Congo. (Etat Indépendant du Congo, sous la souveraineté du Roi Léopold II de Belgique), résultat de la Conférence du Congo suggérée par la France et l'Allemagne.	*27 fév.* Patentes impériales pour la Société de l'est-africain.		*5 fév.* Occupation de Massaoua.	*26 janv.* Défaite dans le Soudan par le Mahdi. Perte de la forteresse de Khartoum. Le général Gordon †. Lorsque la France, dans la guerre de Chine, a traité le riz comme contrebande de guerre, le Ministre des Affaires Etrangères britannique, Lord Granville, a déclaré (le 27 février) : Le Gouvernement britannique ne pouvait pas admettre que des vivres fussent traités comme contrebande de guerre uniquement parce qu'ils étaient à destination d'un port des belligérants. [9]
	29 avril. Traité anglo-allemand au sujet de la Nouvelle-Guinée.			*29 avril.* Traité avec l'Allemagne au sujet de la Nouvelle-Guinée.
	7 mai. Traité anglo-allemand au sujet de l'Afrique occidentale.			*7 mai.* Traité avec l'Allemagne au sujet de l'Afrique occidentale.
				9 juin. Ministère conservateur Salisbury (jusqu'en 1886).
	15 oct. Acquisition des îles Salomon et Marshall.			*10 sept.* Traité anglo-russe au sujet de l'Afghanistan. *30 sept.* Annexion du Bechuana. Conquête de la Birmanie.
	1886			
	10 avril. Traité avec l'Angleterre relatif à la délimitation des sphères d'influence dans l'Océan Pacifique.	Attitude hostile à la Russie qui veut convertir la Bulgarie en un Etat vassal, et prétend soumettre les Balkans.		*Janv. à juil.* Ministère Gladstone.
	8 et 9 août. Entrevue des Empereurs Guillaume I (avec Bismarck) et François-Joseph (avec Kalnoky), à Gastein. Résultat de la conférence : Constantinople doit rester à la Turquie; au cas où la Russie se mettrait en possession des Dardanelles, on envisage, pour l'Autriche-Hongrie, l'acquisition d'un port de commerce dans la Méditerranée orientale.			*Juil.* Deuxième ministère Salisbury (jusqu'en 1892). Annexion de la Birmanie. Combats avec les Zoulous.
	Sept. Le Prince Guillaume de Prusse se rend à Brest-Litowsk, chargé par l'Empereur Guillaume I et par Bismarck, d'assurer le Tsar de l'appui de l'Allemagne à sa politique en Orient.			
	1er nov. Traité avec l'Angleterre au sujet de Zanzibar.			

FRANCE	RUSSIE	BALKANS	TURQUIE	AMÉRIQUE	JAPON
			1885		
	Hostilité contre le prince Alexandre de Bulgarie. *Mars.* Victoire sur les Afghans à Penchdeh. Hérat menacé.	Réunion de la Roumélie orientale à la Bulgarie (sans l'assentiment de la Russie).		*Mars.* Le président Cleveland, démocrate (jusqu'en 1889). L'ambassadeur d'Amérique à Berlin qualifie la déclaration (par la France) du riz comme contrebande de guerre, de « retour aux coutumes barbares de la guerre ». [10]	
Avril. Chute de Jules Ferry. Cabinet Brisson (jusqu'en 1886). *9 juin.* Paix avec la Chine. Reconnaissance des conquêtes françaises de l'Annam et du Tonkin.		*19 nov.* Victoire des Bulgares sur les Serbes à Slivnitza. Réveil des différends austro-russes dans la politique balkanique.			*18 août.* Traité de Tientsin : entente avec la Chine au sujet de la Corée.
			1886		
Janv. Nomination du général Boulanger, le politicien de la revanche, comme Ministre de la Guerre. Nouvelle loi militaire, fortes dépenses pour l'armement.	*Juillet.* Fermeture du port franc de Batoum.	*3 mars.* Paix de Bucarest entre la Bulgarie et la Serbie. *7 sept.* Le prince Alexandre de Bulgarie, renversé par une révolution, renonce au trône après son retour, par suite de la pression de la Russie. Régence de Stamboulow. Le général russe Kaulbars poursuit la russification de la Bulgarie.			
Déc. Goblet, Président du Conseil des Ministres. Boulanger reste Ministre de la Guerre.					

GÉNÉRA-LITÉS	ALLEMAGNE	AUTRICHE-HONGRIE	ITALIE	ANGLETERRE
	1887			
	20 fév. Renouvellement de la Triple Alliance. [11]			
				12 fév. Convention méditerranénne entre l'Angleterre et l'Italie. [14]
	11 mars. Adoption du projet de loi militaire (septennat).	*24 mars.* Accession de l'Autriche-Hongrie à la convention anglo-italienne méditerranénne. [15]		
		1887 à 1888. Relations tendues avec la Russie à cause de la crise bulgare. La guerre est évitée par la médiation de Bismarck.		*4 fév.* Le *Standard*, l'organe gouvernemental conservateur d'alors, déclare que, dans le cas d'une guerre franco-allemande, la revendication par l'Allemagne d'un droit de passage à travers la Belgique, ne soulèverait aucune objection. Le chef du parti libéral s'exprime dans le même sens. [16]
	18 juin. Traité de contre-assurance avec la Russie au lieu de l'entente des Trois Empereurs. [12] Le marché financier allemand est, sur l'ordre de Bismarck, fermé à la Russie.		*4 mai.* Convention méditerranéenne avec l'Espagne.	*Mai.* Grand renforcement de la flotte. Affirmation du Two Powers standard. Première Conférence coloniale à Londres.
	22 au 30 nov. Echange de lettres entre Bismarck et Lord Salisbury. L'Allemagne promet son appui à la « Triple Alliance d'Orient ». [13]		*Août.* Ministère Crispi (jusqu'en 1891).	*Août.* Loi sur la protection des marques contre l'Allemagne (« Made in Germany »).
		Déc. « Triple Alliance d'Orient » — Angleterre, Autriche-Hongrie et Italie — pour le maintien du *statu quo* dans les Balkans (Bulgarie) et dans les Dardanelles. Tendances hostiles à la Russie. [17]		
				30 déc. Discours de Chamberlain à Toronto sur l'unité de la race anglo-saxonne.
	1888			
	1er fév. Convention militaire avec l'Italie. *3 fév.* Publication par Bismarck de l'alliance austro-allemande, comme avertissement à la Russie. *6 fév.* Discours de Bismarck au Reichstag : « Nous, Allemands, nous craignons Dieu, mais rien autre au monde! », également un avertissement à la Russie. *9 mars.* L'Empereur Guillaume I †. Avènement de l'Empereur Frédéric III.		*1er fév.* Convention militaire avec l'Allemagne. *Mars.* Commencement d'une guerre douanière avec la France.	
29 oct. Acte du Canal de Suez.	*15 juin.* L'Empereur Frédéric III †. Avènement de l'Empereur Guillaume II. Visites de l'Empereur Guillaume II à Pétersbourg, Vienne et Rome. Soulèvement dans l'Afrique Orientale allemande, réprimé par Wissmann en 1890.		*15 mai.* Accession à l'alliance de l'Allemagne et de l'Autriche-Hongrie avec la Roumanie. [18]	*Avril.* Stanley rejoint Emin Pacha dans l'Equatoria.

8

FRANCE	RUSSIE	BALKANS	TURQUIE	AMÉRIQUE	JAPON
1887					
Président Carnot (jusqu'en 1894). *Avril.* « Incident Schnæbelé ». Armements contre l'Allemagne. *Juillet.* Chute du Ministère Goblet avec Boulanger. Ministère Rouvier.	*Août.* Le panslaviste Katkow †. *Nov.* Alexandre III reçoit, à Berlin, deséclaircissements sur les lettres bulgares falsifiées, attribuées au prince de Bismarck, pour rendre sa politique suspecte au Tsar.	*7 juil.* Ferdinand de Cobourg, prince de Bulgarie. Il s'appuiesur l'Autriche.			
1888					
Reconnaissancedu protectorat français sur les catholiques d'Orient par la bulle *Aspera rerum conditio.* *8 fév.* Traité avec l'Angleterre: Djibouti, sur la Mer Rouge, revient à la colonie française d'Obock. *Mars.* Freycinet, Ministre de la Guerre. *Déc.* Emprunt russe.	*22 juillet.* Neuf centième anniversaire de l'introduction du christianisme à Kiew. Manifestation panslaviste : « Revue du panslavisme ». [19] Préparatifs militaires aux frontières allemande et autrichienne. *Nov.* Grandes commandes d'armes russes aux fabriques françaises.			*Oct.* Première concession de chemin de fer en Asie Mineure à la *Deutsche Bank* (Haïdar Pacha-Angora.) *29 oct.* Acte du Canal de Suez. Premier emprunt turco allemand.	

GÉNÉRALITÉS	ALLEMAGNE	AUTRICHE-HONGRIE	ITALIE	ANGLETERRE

1889

GÉNÉRALITÉS	ALLEMAGNE	AUTRICHE-HONGRIE	ITALIE	ANGLETERRE
14 juin. Accords de Samoa, entre l'Angleterre, l'Allemagne et les Etats-Unis.	*Juin.* Peters part de Bagamoyo pour le centre de l'Afrique. *22 juin.* Loi de retraites pour la vieillesse et les infirmités. *Août.* Première visite de l'Empereur en Angleterre. Sa nomination d'amiral honoraire de la flotte anglaise. *Oct.* Le Tsar à Berlin. *Nov.* L'Empereur Guillaume à Constantinople.	*9 fév.* Renouvellement du traité secret avec la Serbie (jusqu'en 1895).	Paix d'Uttschalli avec l'Abyssinie.	Loi sur la flotte (Naval Defence Act). *Oct.* Fondation par Cecil Rhodes de la Chartered Company of South Africa.

1890

GÉNÉRALITÉS	ALLEMAGNE	AUTRICHE-HONGRIE	ITALIE	ANGLETERRE
	24 janv. Séance du Conseil de la Couronne. Bismarck prend parti contre la législation de protection ouvrière projetée par l'Empereur (limitation du travail des femmes, des enfants, et du travail du dimanche), ainsi que dans la question de l'attitude à observer à l'égard de la démocratie socialiste. *20 mars.* Retraite de Bismarck. Nomination de Caprivi comme Chancelier de l'Empire. Marschall de Bieberstein, Secrétaire d'Etat des Affaires Etrangères. Non renouvellement du traité de réassurance avec la Russie. [21] *1er juillet.* Acquisition d'Heligoland en échange de Zanzibar et de Witu. Conférence de protection ouvrière de Berlin. Réception des délégués français par l'Empereur. *Nov.* Prise de possession par l'Empire de l'Afrique Orientale allemande.		*1er janv.* Fondation de la colonie de l'Erythrée. Convention secrète entre l'Angleterre (Lord Salisbury) et l'Italie (Crispi). Abandon de Tripoli à l'Italie comme contrepoids à l'accroissement de la puissance navale de la France dans la Méditerranée. — (Plan de Salisbury pour le partage de la Turquie.) [22]	Traité avec l'Allemagne au sujet de l'Afrique Occidentale et de Zanzibar.

FRANCE	RUSSIE	BALKANS	TURQUIE	AMÉRIQUE	JAPON
			1889		
	Fév. Extrait d'un rapport du ministre de Belgique à Pétersbourg : « La presse slavophile, je pourrais dire la presse russe, à peu d'exceptions près, ne laisse jamais reposer les armes vis-à-vis de son ennemi héréditaire, l'Allemagne. Elle attaque continuellement la politique de ses voisins et étale son aversion contre la nation allemande et son Gouvernement. » [20] *3o mai.* Discours d'Alexandre III désignant le Monténégro comme le seul ami fidèle de la Russie.	*9 fév.* Renouvellement du traité secret entre la Serbie et l'Autriche (jusqu'en 1895). *Mars.* Abdication du Roi Milan de Serbie. Avènement du Roi Alexandre I.	*Nov.* L'Empereur Guillaume II à Constantinople.	Président Harrison, républicain (jusqu'en 1893). *Oct.* Congrès panaméricain à Washington. Tentative de créer entre tous les États américains, une ligue ayant pour devise : « L'Amérique aux Américains. »	
			1890		
Troisième Cabinet de Freycinet (jusqu'en 1893). 5 *août.* Reconnaissance, par l'Angleterre, de la souveraineté française, dans le domaine du Niger, du Sahara occidental et moyen. Adoption de la réforme de l'armée, de Freycinet.	Non - renouvellement du traité de réassurance, vu le refus de l'Allemagne. *18 août.* Visite de l'Empereur Guillaume à Narva. Conversation sur la retraite du prince de Bismarck et le non-renouvellement du traité de contre-assurance. Le Tsar soutient l'idée du rétablissement de la Monarchie en France, parce qu'il voit dans la République Française un danger pour la paix.		Traité de commerce avec l'Allemagne.	MacKinley-Bill (Tarifs protecteurs). *Juillet.* Premières élections parlementaires.	

GÉNÉRALITÉS	ALLEMAGNE	AUTRICHE-HONGRIE	ITALIE	ANGLETERRE
	1891			
	Févr. L'impératrice Frédéric à Paris. Manifestations hostiles à l'Allemagne. A ce sujet, le ministre de Belgique à Berlin adresse, le 28 février, le rapport suivant : « Je n'avais que trop de raisons de vous... écrire qu'on ne doit attacher qu'une très minime importance à l'accueil fait aux attentions de l'Empereur d'Allemagne et de son Gouvernement. On a répondu à des marques de courtoisie par des grossièretés. » [23]			
	6 mai. Prolongation de la Triple Alliance pour six ans. [24]			*Avril* à *mai*. Conflit avec le Portugal dans l'Afrique du Sud.
	Traités de commerce avec l'Autriche, l'Italie, la Belgique.		Traité entre l'Angleterre et l'Italie relatif au partage de l'Abyssinie en deux sphères d'intérêts.	
			Retraite de Crispi. Ministère Rudini (jusqu'en 1893).	
				Août. La flotte française, tadt, à Portsmouth.

FRANCE	RUSSIE	BALKANS	TURQUIE	AMÉRIQUE	JAPON
		1891			
	Construction du Transsibérien. 1891 à 1893. Conquête de Pamir.				
23 juillet. Visite de la flotte française à Cronstadt. Fraternisation franco-russe. A ce sujet, le ministre de Belgique à Berlin fait observer, le 1er août : «... Le rapprochement ne repose que sur la haine commune de la France et de la Russie contre l'Allemagne. Il ne peut donc avoir qu'un caractère agressif... » [25] *Août.* Prélude de l'alliance entre la Russie et la France. (Echange de notes franco-russes.) à son retour de Crons- Destruction, par l'Angleterre, des missions françaises dans l'Ouganda.	*19 novembre.* Le ministre de Belgique mande de Pétersbourg : « Le Tsar ne s'appartient plus. Il est l'esclave du parti panslaviste. Le jour où ce parti... décidera qu'il faut prendre les armes, le Tsar, parce qu'il se sent trop faible pour résister à cette pression... obéira aux gens... dont il craint les entreprises criminelles. » [26]				*11 mai.* Attentat sur le Grand-Duc héritier du trône de Russie, commis par un Japonais fanatique.

GÉNÉRALITÉS	ALLEMAGNE	AUTRICHE-HONGRIE	ITALIE	ANGLETERRE
		1892		
	4 juin. Le Tsar et le Grand-Duc héritier du trône, rendent visite à l'Empereur, à Kiel.	*25 juil.* Deuxième traité d'alliance avec la Roumanie. [27] Traité de commerce avec la Serbie.		*Août.* Troisième Ministère Gladstone (jusqu'en 1894).
	23 nov. Accession de l'Allemagne au second traité austro-roumain. [27] Traités de commerce avec l'Autriche-Hongrie et l'Italie.		*28 nov.* Accession au second traité d'alliance de l'Autriche-Hongrie avec la Roumanie. [27] Traités de commerce avec l'Allemagne et avec l'Autriche-Hongrie.	
		1893		
	Réforme de l'armée. (Service de deux ans.) Débats acharnés sur le nouveau projet de loi militaire. Le ministre de Belgique à Berlin mande à à ce sujet, le 14 janvier : « ...L'acceptation du projet de loi militaire est indispensable, non seulement pour l'Allemagne, mais pour toute l'Europe. L'Allemagne doit être forte à l'intérieur comme à l'extérieur, dans l'intérêt du maintien de la paix, dont elle est le principal sinon l'unique appui. » [30] *Juillet.* Après les nouvelles élections au Reichstag, adoption du projet de loi militaire. *14 août.* Traité avec l'Angleterre relatif à la Guinée. *15 oct.* Convention du Cameroun avec l'Angleterre.		Second Ministère Crispi (jusqu'en 1896.)	*14 août.* Traité avec l'Allemagne relatif à la Guinée. *15 oct.* Convention du Cameroun avec l'Allemagne. (L'Angleterre reçoit liberté d'action dans le bassin du Nil). *15 nov.* Traité de protectorat avec l'Afghanistan.

FRANCE	RUSSIE	BALKANS	TURQUIE	AMÉRIQUE	JAPON
		1892			
Conquête du Dahomey.		Deuxième alliance de la Roumanie avec la Triple Alliance. [27]	*Janv.* Avènement du Khédive Abbas II.		
17 août. Convention militaire franco-russe. Au cas de mobilisation d'une seule Puissance de la Triple Alliance, la mobilisation immédiate et simultanée de toutes les forces françaises et russes et leur prompte mise en ligne pour une lutte décisive sont convenues. [28] *18 août.* Le général Boisdeffre, sous-chef de l'Etat-Major général français, chez le Tsar. L'accord se fait sur le principe que la mobilisation équivaut à la guerre. [29]		Traité de commerce entre la Serbie et l'Autriche-Hongrie.			
		1893			
			Fév. Deuxième concession de chemin de fer en Asie Mineure pour la Deutsche Bank. (Section Angora-Konia).	Seconde Présidence de Cleveland (jusqu'en 1897).	
17 juin. Traité de commerce entre la France et la Russie. *17 juin.* Nouvelle loi des cadres. Occupation de Tombouctou. *Juillet.* Conflit avec le Siam. *Oct.* La flotte russe à Toulon.					

GÉNÉRALITÉS	ALLEMAGNE	AUTRICHE-HONGRIE	ITALIE	ANGLETERRE
		1894		
	15 mars. Traité du Cameroun avec la France. *Mai.* Protestations de l'Allemagne et de la France au sujet de la convention anglaise avec l'Etat du Congo. *Août.* Répression de l'insurrection dans l'Afrique allemande occidentale du sud (Hendrik Witboi). Traité de commerce avec la Russie. *29 oct.* Le prince de Hohenlohe, Chancelier de l'Empire, à la place de Caprivi.		*5 mai.* Nouveau traité entre l'Angleterre et l'Italie au sujet de l'Abyssinie.	*Mars.* Ministère Rosebery (jusqu'à juin 1895). *12 mai.* Convention avec l'Etat du Congo : Cession d'une bande de territoire à l'Angleterre (Cap-Caire!) Protestations franco-allemandes. *Août.* Rupture de la convention anglaise du 12 mai avec l'Etat du Congo. *Déc.* Dissolution de l'*Imperial Federation League.* Reprise de son programme par la *British Empire League.* Soumission des Matebeles.
		1895		
	Avril. Participation aux protestations de la France et de la Russie contre la paix de Shimonoseki. *Juin.* Ouverture du canal de la Mer du Nord à la Baltique. *Juillet-Août.* Rejet des plans anglais de partage de la Turquie. *Août.* L'Empereur à Cowes.	*Mai.* Le comte Goluchowski, Ministre des Affaires Etrangères (jusqu'en 1906), à la place de Kalnoky. Non-renouvellement de l'alliance avec la Serbie.		L'Angleterre ne renouvelle pas la convention méditerranéenne anglo-austro-italienne de 1887. Conflit avec le Venezuela et les Etats-Unis. Soumission des Achantis. *Juin.* Troisième Ministère Salisbury (jusqu'en 1902). Chamberlain Secrétaire des Colonies. *Juillet-Août.* Le plan anglais de partage de la Turquie est rejeté par l'Allemagne. [32] *Août.* L'Empereur à Cowes. Salisbury cherche à gagner l'Empereur au plan précédent, mais il essuie le même refus. [32] *24 août.* Article de la *Saturday Review* provoquant à la guerre contre l'Allemagne. [33] *30 déc.* Raid, au Transvaal, de Jameson, administrateur de la colonie anglaise de Rhodesia.

FRANCE	RUSSIE	BALKANS	TURQUIE	AMÉRIQUE	JAPON

1894

FRANCE	RUSSIE	BALKANS	TURQUIE	AMÉRIQUE	JAPON
4 janv. Conclusion de l'alliance entre la France et la Russie. [31] *Mai.* Protestations de la France et de l'Allemagne contre la convention anglaise avec l'Etat du Congo. *25 juin.* Assassinat du Président Carnot. (L'Empereur se fait représenter aux funérailles.) Casimir-Périer, successeur de Carnot (jusqu'en 1895). Hanotaux, Ministre des Affaires Etrangères. Procès Dreyfus : prétendu espionnage en faveur de l'Allemagne. Forte agitation anti-allemande.	*1er nov.* Le Tsar Alexandre III †. Avènement de Nicolas II. Visite du prince de Galles à Pétersbourg. Traité de commerce avec l'Allemagne.	*3o mars.* Congédiement de Stamboulow, Président du Conseil des Ministres de Bulgarie.			*Juillet.* Guerre contre la Chine au sujet de la Corée.

1895

FRANCE	RUSSIE	BALKANS	TURQUIE	AMÉRIQUE	JAPON
Président Faure (jusqu'en 1899). *Avril.* Protestations de la France, de la Russie et de l'Allemagne contre la paix de Shimonoseki.	*26 janv.* Le Ministre des Affaires Etrangères de Giers †. Son successeur le prince Lobanow (jusqu'en 1896). *11 mars.* Convention anglo-russe sur la délimitation russo-afghane dans le territoire de Pamir. *Oct.* Visite de Lobanow — à son retour de France — auprès de l'Empereur d'Allemagne à Hubertusstock, pour décrire comme sans danger pour l'Allemagne, l'accroissement des armements français.	*15 juillet.* Assassinat de Stamboulow. Non-renouvellement de l'alliance de la Serbie avec l'Autriche-Hongrie.	Troubles en Arménie et en Macédoine.	Attitude hostile de Cleveland contre l'Angleterre. Extension de la doctrine de Monroë.	*17 avril.* Paix de Shimonoseki avec la Chine. *23 avril.* Protestations de la Russie, de la France et de l'Allemagne contre l'établissement des Japonais sur le continent asiatique. *8 nov.* Paix de Pékin avec la Chine : Restitution de Liao-Tung à la Chine.

| --- | --- | --- | --- | --- |
		1896		
	3 janv. Télégramme de l'Empereur au Président Krüger : Félicitations d'avoir triomphé de l'expédition de brigandage de Jameson au Transvaal.		*1er mars.* Défaite d'Adoua dans la guerre contre les Abyssins. *Mars.* Chute de Crispi. Rudini, Président du Conseil (jusqu'en 1898). L'Italie se rapproche des Puissances Occidentales. Les relations avec l'Autriche-Hongrie empirent.	*Janv.* Grande émotion en raison du télégramme à Krüger. *1er fév. Saturday Review* : « Germaniam esse delendam ». Fondation du *Daily Mail* par Harmsworth Northcliffe.
	Mai. Renouvellement tacite de la Triple Alliance. [35]			Guerre pour la conquête du Soudan.
	5 sept. Visite du Tsar à Breslau. *24 oct.* Publication par Bismarck dans les *Hamburger Nachrichten* du traité de réassurance.	*3o sept.* Prolongation de l'alliance avec la Roumanie. [34]	*Sept.* Reconnaissance du protectorat de la France sur la Tunisie. *24 oct.* Mariage du prince héritier du trône avec la princesse Hélène de Monténégro.	Répression du soulèvement des Afridis.
		1897		
	15 juin. Tirpitz, Secrétaire d'Etat au Ministère de la Marine. *23 juillet.* Traité avec la France au sujet du Togo. *Août.* Visite de l'Empereur à Péterhof. Après avoir écarté les objections soulevées par Mouraview, qui invoque le « droit du premier mouillage », l'accord aboutit : acceptation de la prise à bail de Kiao-Tchéou par l'Allemagne. La Russie se réserve l'acquisition de Port-Arthur. *20 oct.* de Bülow, Secrétaire d'Etat des Affaires Etrangères. Le baron de Marschall, l'ancien Secrétaire d'Etat des Affaires Etrangères, devient ambassadeur à Constantinople. *14 nov.* Occupation de Kiao-Tchéou. *Déc.* Départ des renforts pour l'Extrême Orient, sous les ordres du prince Henry.	*24 avril.* L'Empereur François-Joseph à Pétersbourg. Entente austro-russe sur la politique respective dans la Péninsule balkanique. [37] *5 nov.* Convention entre l'Autriche-Hongrie et l'Italie au sujet de l'Albanie.	*26 oct.* Paix d'Adis-Ababa entre l'Italie et l'Abyssinie. *Déc.* Camille Barrère devient ambassadeur de France en Italie ; il poursuit l'alliance de l'Italie et de la France.	*Janv.* Traité d'arbitrage avec l'Amérique (pour cinq ans). Tarif douanier du Canada : L'Angleterre est avantagée sur l'étranger de 25 o/o. Milner, Haut Commissaire dans l'Afrique du Sud. *11 sept.* La *Saturday Review* réclame de nouveau la guerre contre l'Allemagne. (« Si l'Allemagne disparaissait demain du monde, il n'y aurait après-demain pas un Anglais qui n'en fût plus riche… Germaniam esse delendam. »)

FRANCE	RUSSIE	BALKANS	TURQUIE	AMÉRIQUE	JAPON
		1896			
Janv. Déclaration de l'ambassadeur de France à Londres : « La France n'a qu'un ennemi au monde, et c'est l'Allemagne. L'Angleterre peut orienter sa politique en conséquence ». [36] *Avril.* Ministère Méline. *Août.* Annexion de Madagascar. *Oct.* Visite du Tsar à Paris.	*9 juin.* Traité avec le Japon, relatif à la Corée. *3o août.* Le prince Lobanow †. Concession par la Chine d'un chemin de de fer jusqu'à Port-Arthur et l'Océan Pacifique. La Chine se voit assurer la protection de la Russie.	La Bulgarie se rapproche de la Russie. *14 fév.* Conversion du prince héritier de Bulgarie à la religion grecque orthodoxe. *3o sept.* Renouvellement de l'alliance entre la Roumanie et l'Autriche-Hongrie, ainsi que plus tard (1899) avec les deux autres Puissances de la Triple Alliance. [34]			*4 juin.* Traité de commerce et de navigation avec l'Allemagne. *9 juin* Traité avec la Russie relatif à la Corée.
		1897			
Avril. Entrevue du prince de Hohenlohe et du Ministre Hanotaux à Paris. Seule rencontre des hommes dirigeants de la politique étrangère des deux Etats, entre 1871 et la guerre mondiale. *23 juillet.* Traité avec l'Allemagne au sujet du Togo. *23 au 29 août.* Le Président Faure à Péterhof. Le Tsar désigne pour la première fois la Russie et la France comme les « alliées ». *18 au 21 sept.* Le Tsar aux manœuvres de Compiègne.	Le comte Mouraview, Ministre des Affaires Etrangères (jusqu'en 1900). *24 avril.* Entente du Tsar et de l'Empereur François-Joseph, sur la politique respective dans les Balkans. [37]	Traité de commerce serbo-bulgare. *Mars.* Visite du Roi Alexandre de Serbie à Sofia. *Avril à déc.* Guerre victorieuse de la Turquie contre la Grèce. *16 déc.* Paix de Constantinople.		Conclusion d'un « Gentleman's agreement » entre personnalités considérées de France, d'Angleterre et d'Amérique, contre le prétendu danger menaçant du pangermanisme. Obligation des Etats-Unis d'Amérique, de prêter leur assistance contre l'Allemagne et l'Autriche Hongrie en cas de guerre. [38] *Janv.* Traité d'arbitrage avec l'Angleterre (pour 5 ans). Mac-Kinley, républicain, Président (jusqu'en 1901). *Juin.* Annexion de Hawaï. *Juillet.* Tarif Dingley (Droits protecteurs).	Protestation du Japon contre l'annexion d'Hawaï par les Etats-Unis.

GÉNÉRALITÉS	ALLEMAGNE	AUTRICHE-HONGRIE	ITALIE	ANGLETERRE
		1898		
Janv. Conflit crétois.				Lord Salisbury propose à l'Allemagne de participer à une intervention anti-américaine, pour empêcher la guerre hispano-américaine. L'Allemagne refuse. [4o]
	6 mars. Traité avec la Chine relatif à Kiao Tchéou.			
	Avril. Une proposition anglaise d'alliance, nettement dirigée contre la Russie, est rejetée par l'Allemagne, qui n'entend pas être utilisée par l'Angleterre comme épée continentale contre la Russie et désire maintenir la paix du monde. [39]			
	10 avril. Loi sur la flotte.			
	Mai. Conflit de Manille avec les Etats-Unis.			*19 mai.* Gladstone †.
				20 mai. Occupation de Weï-Haï-Weï.
				14 juin. Traité anglo-fran-France se soumet à l'ultima-
	30 juillet. Prince de Bismarck †.			
				2 sept. Victoire de Kitchener à Omdurman (Soudan). Défaite des Derviches.
				19 sept. Arrivée de Kitchener français. Danger de guerre.
	Oct. Traité colonial avec l'Angleterre au sujet des colonies portugaises.			*Oct.* Traité colonial avec l'Allemagne au sujet des colonies portugaises.
	13 octobre au 24 nov. Voyage en Palestine du couple impérial.			*4 nov.* La France se soumet terre. Le drapeau tricolore
			21 nov. Traité de commerce avec la France.	

FRANCE	RUSSIE	BALKANS	TURQUIE	AMÉRIQUE	JAPON
			1898		
Triomphe électoral du bloc des républicains modérés (chef Waldeck-Rousseau), des radicaux (chef Clémenceau), et des socialistes (chef Jaurès).	*10 mars.* Le Tsar Nicolas II affecte 90 millions de roubles à la construction de la flotte. *27 mars.* Occupation de Port-Arthur.		*Janv.* Conflit crétois.	*Avril à août.* Guerre victorieuse contre l'Espagne au sujet de Cuba, de Porto-Rico et des Philippines.	
çais relatif à la Nigéria. La tum anglais. *29 juin.* Delcassé, Ministre des Affaires Etrangères (jusqu'au 6 juin 1905). Les négociations relatives à un accord franco-allemand au sujet des colonies portugaises ne sont pas continuées par Delcassé. *18 juil.* Le capitaine Marchand hisse le drapeau tricolore à Fachoda. à Fachoda. Conflit anglo-	*25 juin.* Reconnaissance par la Russie et le Japon de l'indépendance de la Corée. *24 août.* La Russie adresse des invitations à une Conférence de la Paix.				
à l'ultimatum de l'Angleest amené à Fachoda. *Nov.* Paul Cambon, ambassadeur à Londres.			*13 oct. au 24 nov.* L'Empereur Guillaume II à Constantinople et en Palestine. *19 nov.* Discours de l'Empereur d'Allemagne à Damas, favorable à l'islamisme.	*10 déc.* Paix de Paris.	

GÉNÉRALITÉS	ALLEMAGNE	AUTRICHE-HONGRIE	ITALIE	ANGLETERRE
1899				
				« Traité de Windsor » avec le Portugal, qui rend caducs les accords d'octobre 1898 avec l'Allemagne.
				Janv. Traité avec le Gouvernement égyptien au sujet du Soudan.
	12 fév. Cession par l'Espagne des Carolines et des Mariannes.			
	Mars. Cecil Rhodes à Berlin Réception par l'Empereur. Approbation de la construction d'une ligne télégraphique, et, plus tard, d'une ligne de chemin de fer, du Cap au Caire (avec personnel et matériel allemand) à travers l'hinterland de l'Afrique Orientale allemande. Cecil Rhodes promet, en échange, d'exercer son influence en faveur de l'abandon de Samoa à l'Allemagne.			*21 mars.* Convention France au sujet de l'A-Soudan).
21 mai au 29 juillet. Première Conférence de la Paix de La Haye. Convention pour l'institution d'une Cour d'arbitrage internationale à La Haye.				*28 avril.* Accord avec la Russie au sujet des sphères d'intérêts en Chine.
				Sir John Fisher, représentant de l'Angleterre à la Conférence de la Paix de la Haye : « Si le bien de l'Angleterre l'exigeait, elle enverrait au diable les conventions internationales. » [41]
	8 nov. Le Tsar, avec Mouraview, à Potsdam.			*9 oct.* Commencement de la guerre contre les Boërs.
	20 au 27 nov. L'Empereur, avec Bülow, en Angleterre.			*Nov. à déc.* Défaites de l'Angleterre dans la guerre contre les Boërs.
	2 déc. Traité avec l'Angleterre et l'Amérique, au sujet des îles du Pacifique. (Convention de Samoa.)			*Nov.* Chamberlain négocie une alliance avec l'Allemagne et l'Amérique. Elle n'aboutit pas, à cause du refus de l'Amérique, et des difficultés suscitées par la capture, contraire au droit, des vapeurs postaux allemands. [42]
	Déc. Capture, contraire au droit, des vapeurs postaux allemands (« Bundesrat » et « Herzog ») par des navires anglais, sur la côte d'Afrique, pendant la guerre contre les Boërs.			*Déc.* Convention de Samoa. Lord Curzon, vice-Roi des Indes.
	Déc. Convention germano-turque au sujet du chemin de fer de Bagdad.			

FRANCE	RUSSIE	BALKANS	TURQUIE	AMÉRIQUE	JAPON
				1899	
entre l'Angleterre et la frique. (Convention du					
Loubet, Président (jusqu'en 1906).	*28 avril.* Convention avec l'Angleterre au sujet de la Chine.			–	
Ministère Waldeck-Rousseau (jusqu'en 1902).					
Occupation de Kouang Tchouan.					
				6 sept. Circulaire du sénateur Hay, au sujet de la porte ouverte en Chine : Modération de la politique des Puissances mondiales à l'égard de la Chine.	
				3 oct. Convention d'arbitrage avec l'Angleterre dans le conflit avec le Venezuela.	
			Déc. Convention avec l'Allemagne au sujet du chemin de fer de Bagdad.	*Déc.* Convention de Samoa.	

GÉNÉRALITÉS	ALLEMAGNE	AUTRICHE-HONGRIE	ITALIE	ANGLETERRE

1900

GÉNÉRALITÉS	ALLEMAGNE	AUTRICHE-HONGRIE	ITALIE	ANGLETERRE
	Fév. Proposition franco-russe d'une action contre l'Angleterre immobilisée par la guerre contre les Boërs. Rejetée par l'Allemagne pour maintenir la paix du monde. [43] Chaleureux remerciements de la Reine d'Angleterre pour la communication de cette décision par l'Empereur. Cette communication permet d'établir immédiatement le caractère d'intrigue de la suspicion jetée par la France et la Russie sur l'Allemagne en lui attribuant l'initiative de cette proposition.		*24 janv.* Accord avec la France au sujet du Soudan.	*Janv.* Déclaration de Lord Salisbury : « Des vivres à destination d'un pays ennemi, ne peuvent être considérés comme contrebande de guerre, que s'ils sont destinés aux forces ennemies. Il ne suffit pas qu'ils puissent être affectés à l'usage des forces ennemies, il faut qu'il soit établi que c'était en fait leur destination au moment de la saisie. » [46]
Mai. Troubles en Chine.				
20 juin. Assassinat du ministre d'Allemagne de Ketteler. Siège des légations à Pékin.	*14 juin.* Loi sur la flotte.			
14 août. Occupation de Pékin par des troupes européennes et japonaises.			*29 juil.* Assassinat du Roi Humbert. Avènement du Roi Victor Emmanuel III.	
Oct. Le comte Waldersee prend le commandement supérieur des troupes européennes en Chine.	*16 oct.* Convention avec l'Angleterre au sujet de la Chine. *18 oct.* de Bülow, Chancelier de l'Empire (jusqu'en 1909).			*16 oct.* Convention avec l'Allemagne au sujet de la Chine. *6 nov.* Lansdowne, directeur de la politique étrangère.
	5 déc. Convention navale entre l'Allemagne, l'Autriche-Hongrie et l'Italie. [44]			
			14 au 16 déc. Accord méditerranéen secret franco-italien. (Maroc et Tripolitaine).	*1er déc.* Traité avec l'Amérique au sujet du canal de Panama. L'Australie reçoit une constitution.
		Déc. Renouvellement de l'accord austro-italien de 1897 au sujet de l'Albanie. [45]		

FRANCE	RUSSIE	BALKANS	TURQUIE	AMÉRIQUE	JAPON
		1900			
1er fév. Discours de ré-ception du futur Prési-dent de la République Deschanel, à l'Académie française : « L'Allemagne est l'ennemi. La tâche de la France est de rapprocher la Russie et l'An-gleterre l'une de l'autre. » *Fév*. Le plan franco-russe d'action contre l'An-gleterre, immobilisée par la guerre contre les Boërs, échoue, par suite du refus de l'Allemagne. [43] Conquête des sultanats de Bornou et de Kanem au sud du Sahara.	*21 juin*. Le comte Mouraview †. Occupation de la Mandchourie pendant les troubles des Boxers. Convention financière avec la Perse.				
Nov. Accueil enthousiaste fait à Paris au Président des Boërs, Paul Krüger. Réception par le Prési-dent. *14 au 16 déc*. Conven-tion méditerranéenne se-crète avec l'Italie.				*1er déc. (et 18 nov. 1901)*. Traité Hay-Pauncefote avec l'Angleterre, au su-jet du canal de Pa-nama (Restriction notable des droits anglais).	

GÉNÉRALITÉS	ALLEMAGNE	AUTRICHE-HONGRIE	ITALIE	ANGLETERRE
		1901		
	Extrait d'une dépêche du Ministre des Affaires Etrangères de Belgique, du 12 janvier : « Tout prouve... que l'Empereur, dont le souci principal est le maintien de la paix européenne, s'efforcera, après comme avant, d'éviter des froissements, et de maintenir avec la France, des rapports aussi bons que le permettra la situation. » [47] *21 janv.* L'Empereur au lit de mort de la Reine d'Angleterre.			*22 janv.* La Reine Victoria †. L'Empereur d'Allemagne à la cérémonie funèbre à Londres. Avènement du Roi Edouard VII.
	Mars. L'Angleterre réclame, en invoquant l'accord du 16 octobre 1900, une action contre les intentions de la Russie sur la Mandchourie. L'Allemagne s'y refuse. [48] *Mars à mai.* Une proposition anglaise d'alliance échoue devant la fidélité de l'Allemagne à la Triple Alliance, vu que l'Angleterre décline l'admission des autres Etats de la Triple Alliance. [49]		*Fév.* Zanardelli, Président du Conseil des Ministres, adversaire de l'Autriche. *Avril.* Visite à Toulon d'une escadre italienne, commandée par le duc de Gênes. Elle est saluée par le Président Loubet.	*Fév.* L'Angleterre décline la participation projetée à l'entreprise du chemin de fer de Bagdad. Depuis, résistance de l'Angleterre à cette entreprise. [51] *Mars à mai.* Une proposition d'alliance faite à l'Allemagne échoue, devant sa fidélité à la Triple Alliance. [49]
	Août. Le Roi Edouard VII à Wilhelmshöhe.			
7 sept. Paix de Pékin entre la Chine et les Puissances.	*Sept.* Visite du Tsar à Dantzig. *Oct.* Une nouvelle proposition russe d'une action contre l'Angleterre immobilisée par la guerre contre les Boërs est rejetée par l'Allemagne. [50]	*Oct.* Fête des Sokols à Prague. (Fraternisation des Tchèques, des Russes et des Français.)		*25 oct.* Discours, hostile à l'Allemagne, du Ministre des Colonies Chamberlain. Blâme de la conduite de l'armée allemande en 1870-71, pour réfuter les accusations portées contre les troupes anglaises dans la guerre contre les Boërs. (Camps de concentration, incendie des fermes des Boërs). [52] L'opinion publique réclame une alliance avec la France.

FRANCE	RUSSIE	BALKANS	TURQUIE	AMÉRIQUE	JAPON
	7 janv. Le comte Lamsdorff, Ministre des Affaires Etrangères (jusqu'en 1906).		Conflit anglo-turc au sujet du port de Koweit, terminus naturel de la voie de Bagdad. L'Angleterre ne veut pas laisser la voie aboutir au Golfe Persique.	Président Roosevelt, républicain (jusqu'en 1909).	
22 au 24 avril. Delcassé à Pétersbourg.					
					2 mai. Ministère Katsura.
26 juillet. Traité avec le Maroc qui prépare la « pénétration pacifique ».	*Sept.* Lors de sa visite à Dantzig, le Tsar surprend l'Empereur d'Allemagne et le Chancelier de l'Empire de Bülow, en les informant que la Russie prépare une guerre contre le Japon.				
18 au 21 sept. Le Tsar aux manœuvres de Compiègne. Le Président Loubet suggère une entente anglo-russe.				Congrès pan-américain à Mexico.	
	Oct. Nouvelle proposition russe d'une action contre l'Angleterre à l'occasion de la guerre contre les Boërs. Elle est de nouveau rejetée par l'Allemagne. [50]				

GÉNÉRA-LITÉS	ALLEMAGNE	AUTRICHE-HONGRIE	ITALIE	ANGLETERRE

1902

GÉNÉRA-LITÉS	ALLEMAGNE	AUTRICHE-HONGRIE	ITALIE	ANGLETERRE
	8 janv. Réfutation par Bülow au Reichstag du discours de Chamberlain, du 25 octobre 1901.			Commencement de la politique anglaise d'encerclement contre l'Allemagne.
	Fév. Le prince Henry en Amérique. La presse anglaise saisit l'occasion de ce voyage, pour jeter sur l'Allemagne la suspicion d'avoir, pendant la guerre hispano-américaine, mené une politique hostile à l'Amérique. (Cf. 1898.) L'Allemagne prouve, par la publication de documents officiels, l'inexactitude de ces imputations. Le Ministère des Affaires Etrangères de Belgique dit à ce sujet, dans une circulaire du 6 mars: « ...Ainsi, les intrigues anglaises à l'effet d'empêcher un rapprochement entre l'Allemagne et les Etats-Unis, au moment du voyage du prince Henry à New-York, ont eu un résultat opposé à celui qu'attendaient leurs auteurs. Elles ont abouti à la publication de documents qui prouvent que l'Allemagne, pendant le conflit hispano-américain, ne s'est pas départie d'une stricte neutralité, et qu'elle s'est refusée à prendre part à une démarche pour exercer une pression sur le Gouvernement des Etats-Unis. Elle a ainsi dissipé un malentendu qui jetait un nuage sur les relations entre les deux pays. » [53]	*17 avril.* Prolongation de l'alliance avec la Roumanie. [55]	*Juin.* Le Ministre des Affaires Etrangères Prinetti, fait connaître à la France, que la Triple Alliance ne contient aucune stipulation relative à une agression contre la France.	*3o janv.* Alliance anglo-japonaise avec des tendances hostiles contre la Russie et l'Allemagne. *31 mai.* Paix de Pretoria. *11 juillet.* Ministère Balfour (jusqu'en 1905). Conférence coloniale à Londres, dans laquelle sont discutées des questions politiques, économiques et militaires, mais sans résultat.
	28 juin. Renouvellement du traité de la Triple Alliance. [56] Le Ministère des Affaires Etrangères de Belgique dit, à ce sujet, dans une circulaire du 15 juillet : « ...Ce qu'on sait avec certitude, c'est que la Triple Alliance est purement défensive, et n'a pas d'autre but en vue que le maintien de la paix... » [54]			
	25 juillet. Accession à la prolongation de l'alliance austro-roumaine.		*1-2 nov.* Traité secret de neutralité avec la France, pour le cas d'une guerre franco-allemande. [57]	
	6 au 9 août. L'Empereur à Reval.			
	7 nov. L'Empereur à Sandringham.			
	Déc. (à fév. 1903). Action anglo-allemande contre le Venezuela, à laquelle accède plus tard l'Italie. Campagne germanophobe en Angleterre et en Amérique.		*12 déc.* Accession à l'alliance austro-roumaine. [55] Accession à l'action anglo-allemande contre le Venezuela.	*Déc. (à fév. 1903).* L'action commune anglo-allemande contre le Venezuela est condamnée par l'opinion publique anglaise (presse Northcliffe).

FRANCE	RUSSIE	BALKANS	TURQUIE	AMÉRIQUE	JAPON

1902

FRANCE	RUSSIE	BALKANS	TURQUIE	AMÉRIQUE	JAPON
			Janv. Nouvelle concession à la Société du chemin de fer de Bagdad.		*3o janvier.* Alliance avec l'Angleterre dirigée contre la Russie.
				Févr. Voyage du prince Henry de Prusse en Amérique.	
16 mars. Déclaration de la Russie et de la France relative à l'Extrême-Orient : Maintien en commun du *statu quo* en Orient au cas où la Chine ou la Corée serait menacée. [58]					
	8 avril. Traité avec la Chine au sujet de la Mandchourie. La Russie s'engage à l'évacuation dans le délai d'un an et demi.	*17 avril.* Prolongation de l'alliance roumaine, d'abord avec l'Autriche-Hongrie, et ensuite avec les autres Puissances de la Triple-Alliance. [55]			
	Mai. Convention militaire entre la Russie et la Bulgarie. [59]			*Mai.* Convention de navigation germano-américaine.	
	Août. Rencontre du Tsar et de l'Empereur d'Allemagne à Reval. Le Tsar déclare qu'il commencera probablement la guerre contre le Japon en 1904.				
Nov. Négociations avec l'Espagne (Ministère Sagasta) au sujet d'un partage du Maroc à l'exclusion de l'Angleterre. Après la chute du Ministère Sagasta, le Ministère conservateur Silvela, par égard pour l'Angleterre, refuse de continuer les négociations.					
Ministère Combes (jusqu'en 1905).				*Déc. à févr. 1903.* Campagne germanophobe en Amérique à l'occasion de l'action contre le Vénézuéla.	
1-2 nov. Traité secret de neutralité avec l'Italie pour le cas d'une guerre franco-allemande. [57]					

GÉNÉRALITÉS	ALLEMAGNE	AUTRICHE-HONGRIE	ITALIE	ANGLETERRE
		1903		
	19 mars. Déclaration de Bülow au Reichstag : Le principe invariable de la politique allemande est de ne pas mener une politique active en Orient, et, dans les questions d'Orient et balkaniques, de ne tirer les marrons du feu pour personne.			Guerre douanière entre l'Allemagne et le Canada. Voyages du Roi Edouard VII en Italie, en France, au Portugal, en Autriche.
Juillet. Le Pape Léon XIII †. Pontificat de Pie X.	*Juillet*. Visite de l'ancien Président du Conseil des Ministres Waldeck-Rousseau, à l'Empereur, pendant son voyage dans les pays du Nord.	*31 août*. Voyage du Roi Edouard VII à Vienne.		*Juillet*. Panique de flotte et d'invasion. Campagne anti-allemande. Nouveau point d'appui de la flotte au Firth of Forth.
	Oct. Entrevues de l'Empereur et du Tsar à Wiesbaden et à Wolfsgarten. Convention avec la France au sujet du chemin de fer de Bagdad.	*1er oct*. Rencontre de l'Empereur François-Joseph et du Tsar à Mürzsteg; Entente au sujet du maintien du *statu quo* dans les Balkans et règlement en commun des points litigieux qui pourraient surgir.	*Nov*. Giolitti, Président du Conseil des Ministres. Tittoni, Ministre des Affaires Etrangères. *25 déc*. Traité d'arbitrage avec la France.	*21 nov*. Retraite du Ministre des Colonies Chamberlain.

FRANCE	RUSSIE	BALKANS	TURQUIE	AMÉRIQUE	JAPON

1903

FRANCE	RUSSIE	BALKANS	TURQUIE	AMÉRIQUE	JAPON
Avril. Le Président Loubet à Rome. *Mai.* Visite du Roi Edouard VII à Paris.	Convention militaire avec la Perse. Witte, Président du Conseil des Ministres (jusqu'en 1906).		*Mars.* Octroi de la concession pour la dernière section du chemin de fer de Bagdad.		
Juillet. Le Président Loubet avec le Ministre des Affaires Etrangères Delcassé, à Londres. Première visite d'un Chef d'Etat français en Angleterre.	*Août.* Création d'un Gouvernement de l'Extrême-Orient.	*Juin.* Assassinat du Roi Alexandre de Serbie. Successeur : Pierre Karageorgevitch (candidat de la Russie). Ministre Pachitch. Soulèvement en Macédoine contre la Turquie (jusqu'en 1905).			*Août.* Le Japon exige de la Russie l'évacuation de la Mandchourie.
14 oct. Traité d'arbitrage franco-anglais. Convention avec l'Allemagne au sujet du chemin de fer de Bagdad.	*Oct.* Résolution de conserver la Mandchourie. *1er oct.* Accords de Mürzsteg avec l'Autriche au sujet de la Macédoine. *Oct.* Entrevues du Tsar et de l'Empereur Guillaume II à Wiesbaden et à Wolfsgarten. Le Tsar déclare que les préparatifs de la guerre contre le Japon ne sont pas encore aussi avancés qu'il l'aurait espéré ; c'est pourquoi il avait ajourné la guerre. Il ne la commencerait pas en 1904, comme il en avait eu tout d'abord l'intention.		*Nov.* Acceptation des accords de Mürzsteg.	*Nov.* Panama devient une République « indépendante », sous la domination de fait des Etats-Unis.	

GÉNÉRALITÉS	ALLEMAGNE	AUTRICHE-HONGRIE	ITALIE	ANGLETERRE
		1904		
22 fév. Sentence arbitrale de La Haye dans la question du Venezuela.	*Fév.* Neutralité très bienveillante à l'égard de la Russie dans la guerre russo-japonaise. Insurrection des indigènes dans l'Afrique sud-occidentale allemande (jusqu'en 1906).		*Avril.* Visite du Président Loubet au Quirinal.	*8 avril.* Traité colonial des conflits d'intérêts réciprocité de l'Entente cordiale. *1er juin.* Instruction du Ministre des Affaires Etrangères, Lord Lansdowne, à l'ambassadeur à Pétersbourg, l'invitant à déclarer : Le Gouvernement anglais remarque « avec beaucoup d'inquiétude que le riz et les vivres sont traités comme contrebande absolue, mesure qu'il considère comme incompatible avec le droit des gens ». [63]
	12 juillet. Traité d'arbitrage avec l'Angleterre. Le traité d'arbitrage avec les Etats-Unis d'Amérique est rejeté par le Sénat américain.			*12 juillet.* Traité d'arbitrage avec l'Allemagne. *25 août.* Menace de Lord Lansdowne : Au cas où le Japon, à cause des fournitures allemandes de charbon à la Russie, prendrait les armes contre l'Allemagne, l'Angleterre, à la demande du Gouvernement japonais, considérerait le *casus fœderis* comme intervenu. (Fournitures de guerre de l'Angleterre au Japon !)
	Oct. Ouverture de la première section du chemin de fer de Bagdad. *17 nov.* Proposition de l'Empereur au Tsar : Conclusion d'un traité d'alliance russo-allemand comme défense contre les provocations anglaises. [60] *12 déc.* L'Allemagne reçoit l'assurance de l'appui de la Russie, au cas où les fournitures de charbon à la flotte russe de la Baltique lui créeraient des difficultés. [61]	*15 oct.* Assurance de neutralité bienveillante à l'égard de la Russie. [62]		*7 sept.* Protectorat sur le Thibet. Entrée à Lhassa. *Oct.* Forte campagne anti-allemande à l'occasion de l'incident du Doggerbank. Menace, par le journal militaire *Army and Navy Gazette*, d'une attaque contre la flotte allemande. *Déc.* Regroupement de la flotte anglaise.

FRANCE	RUSSIE	BALKANS	TURQUIE	AMÉRIQUE	JAPON

1904

FRANCE	RUSSIE	BALKANS	TURQUIE	AMÉRIQUE	JAPON
15 fév. Déclaration de neutralité dans la guerre russo-japonaise. franco-anglais. Règlement proques. Commencement *Avril.* Visite du Président Loubet au Quirinal. *28 juillet.* Rupture des relations diplomatiques avec le Vatican. *6 oct.* Traité secret avec l'Espagne au sujet du Maroc.	*10 fév.* Commencement de la guerre russo-japonaise par l'attaque des Japonais contre la flotte russe de Port-Arthur. *21-22 oct.* Incident du Doggerbank	*30 mars.* Traité entre la Serbie et la Bulgarie.	*1904 à 1905.* Soulèvement en Arabie suscité par l'Angleterre. *1er sept.* Ouverture de la première section du chemin de fer du Hedjaz.	Traités d'arbitrage avec la France et l'Angleterre. Le traité d'arbitrage avec l'Allemagne est rejeté par le Sénat. Réélection du Président Roosevelt. *Mai.* Commencement du percement du canal de Panama.	*10 fév.* Commencement de la guerre contre la Russie.

GÉNÉRALITÉS	ALLEMAGNE	AUTRICHE HONGRIE	ITALIE	ANGLETERRE

1905

GÉNÉRALITÉS	ALLEMAGNE	AUTRICHE HONGRIE	ITALIE	ANGLETERRE
12 avril. Proposition de l'Allemagne de réunir une Conférence internationale du Maroc. *7 juin.* Déclaration d'indépendance norvégienne. Dissolution de l'Union scandinave. *Oct.* Extrait d'un rapport du Ministre de Belgique à Berlin : « ...L'ancien groupement des Puissances a disparu et on cherche en tâtonnant à en créer un nouveau. La campagne prolongée, en vue de l'isolement de l'Allemagne, a eu comme premier fruit le rapprochement franco-anglais, et comme second, le traité d'alliance entre l'Angleterre et le Japon. Le troisième fruit est une tentative de rapprochement anglo-russe, préparée par la presse de Londres, qui cherche à prouver que le traité anglo-japonais n'est pas dirigé contre la Russie, et ne s'oppose nullement à une entente entre l'Empire des Tsars et l'Angleterre... » [64]	*31 mars.* L'Empereur à Tanger. Maintien des droits de l'Allemagne à l'encontre de la « tunisification » du Maroc. Conflit avec la France. *24 juillet.* Rencontre de l'Empereur et du Tsar à Björkö. Adoption du projet de l'Empereur portant conclusion d'un traité d'alliance offensive et défensive entre les deux peuples, sous la réserve que les alliés respectifs des deux Puissances, ainsi que les autres Etats, auront la faculté d'y accéder. Ce projet est conçu comme le noyau d'une Confédération des peuples, sans Puissance exerçant l'hégémonie. La ratification échoue devant l'opposition du Gouvernement russe. [67]			Voyage de printemps de Roi Edouard VII en versations avec le Prési- L'Angleterre commence à construire des dreadnoughts. *3 fév.* Menace du Lord civil Lee, de l'Amirauté, d'anéantir la flotte allemande : « Si l'on devait déclarer la guerre navale, la flotte anglaise frapperait avant que, de l'autre côté (soit en Allemagne), on ait eu le temps de lire la déclaration de guerre dans les journaux. » [68] *Juin.* En dépit de la détente franco-allemande, l'Angleterre continue la campagne contre l'Allemagne.

Augmentation des armées des grandes Puissances de 1905 à 1907 : [65]

Russie de	39.000 hommes
France de	20.000 hommes
Allemagne de	7.000 hommes
Autriche-Hongrie de	— hommes

Dépenses navales des grandes Puissances de 1905 à 1914 : [66]

	Moyenne annuelle par tête d'habitant. Mark	Total pendant les dix ans en milliards de mark.
Angleterre	17,80	8
France	8,07	3,2
Etats-Unis d'Amérique	5,86	5,3
Allemagne	5,82	3,8
Italie	5,05	1,7
Japon	3,05	1,6
Russie	1,94	2,9
Autriche-Hongrie	1,89	0,96

Dans la colonne ANGLETERRE :

Juillet. Une flotte an-

Août. Une flotte française

Août. Démonstration de la flotte anglaise dans la Baltique.

12 août. Extension de l'alliance anglo-japonaise.

10 déc. Ministère libéral Campbell Bannerman. Grey, Secrétaire d'Etat des Affaires Etrangères.

FRANCE	RUSSIE	BALKANS	TURQUIE	AMÉRIQUE	JAPON
		1905			
plusieurs semaines du France et à Alger. Con-dent Loubet et Delcassé. Conflit avec l'Allemagne au sujet du Maroc.	2 janv. Capitulation de Port-Arthur. Janv. La révolution éclate. 1er au 10 mars. Dé-faite russe à Moukden. 27 mai. Destruction de la flotte russe à Tsoushima.		6 mai. Note de réformes éner-gique des six Puissances si-gnataires du Congrès de Ber-lin, au sujet de la Macédoine.		
6 juin. Retraite de Del-cassé. (Sa communication relative au débarquement projeté de 100.000 Anglais pour secourir la France dans une guerre franco-allemande.) Rouvier, Président du Conseil et Ministre des Affaires Etrangères. Ac-ceptation de la proposition allemande de Conférence. glaise à Brest. à Portsmouth.	3 juin. L'Empereur d'Allemagne propose au Tsar le Président Roosevelt comme mé-diateur de la paix. [69]				12 août. Deu-xième traité d'alliance avec l'Angleterre pour dix ans.
1er sept. Deuxième traité avec l'Espagne au sujet du Maroc.	5 sept. Paix de Ports-mouth avec le Japon, sous la médiation du Président Roosevelt. Commencement du rapprochement anglo-russe. Oct. Manifeste relatif à la création d'une représentation natio-nale.		4 déc. Accepta-tion de la note de réformes.		5 sept. Paix de Portsmouth avec la Russie. 17 nov. Traité avec la Corée.

GÉNÉRALITÉS	ALLEMAGNE	AUTRICHE-HONGRIE	ITALIE	ANGLETERRE
			1906		
16 janv. au 17 avril. Conférence d'Algésiras. Le ministre de Belgique à Berlin adresse, au sujet de cette Conférence, le rapport suivant, le 16 janvier : « La presse anglaise a fait tout ce qu'elle a pu pour empêcher la Conférence d'Algésiras d'aboutir. Il n'y a plus aucun doute que c'est le Roi d'Angleterre qui, en dehors du gouvernement, avait poussé M. Delcassé à une politique belliqueuse, et lui avait fait la promesse, d'ailleurs irréalisable, de débarquer 100.000 soldats anglais en Holstein. L'invitation adressée par le Roi à M. Delcassé, lors de son passage à Paris, ne peut être interprétée que comme une provocation. Si quelque doute pouvait régner encore, la singulière démarche faite par le colonel Barnardiston (attaché militaire anglais à Bruxelles), auprès de M. le général Ducarne, l'aurait dissipé... » [70]	Isolement de l'Allemagne à la Conférence d'Algésiras. *13 déc.* Dissolution du Reichstag à cause du refus des crédits demandés par le Gouvernement pour la campagne de l'Afrique sud-occidentale.	*Mars.* Guerre douanière avec la Serbie. *Juin.* Visite de l'Empereur Guillaume à Schönbrunn. *24 oct.* Le baron d'Achrenthal, Ministre des Affaires Etrangères, à la place de Goluchowski.	*8 fév.* Cabinet Sonnino. Il prend parti contre l'Allemagne à la Conférence d'Algésiras. (Visconti Venosta). *29 mai.* Cabinet Giolitti.	*Janv.* Accords de l'Angleterre avec le Gouvernement belge pour le cas d'une guerre avec l'Allemagne. Anvers doit servir de base de ravitaillement pour les troupes anglaises débarquées. (Conversations de l'attaché militaire anglais Barnardiston, avec le chef de l'Etat-Major général belge Ducarne). [71] Lord Roberts réclame une armée permanente. *Janv.* Accords secrets de Grey avec gleterre à la France, au cas d'une Etablissement d'un plan commun en Etats-Majors généraux de l'armée et anglais. (A ce sujet rapport du chargé d'affaires de vier : « Grey a répété que l'Angleterre était et qu'elle remplirait ses engagements jusqu'au franco-allemande, et quoi qu'il puisse lui en *27 févr.* Traité entre l'Angleterre et Nouvelles Hébrides. *Mars et mai.* Le Roi Edouard VII à de Delcassé. « Dans les milieux diplomatiques, cette maniinutile et en ce moment très dangereuse... voir l'expression du désir de l'Angleterre d'enque la guerre devienne inévitable ». Rapport Paris. *Avril.* Reconnaissance de la suzeraineté de la Chine sur le Thibet. Lord Haldane à Berlin (pour étudier l'organisation de l'armée allemande). *Mai.* Extrait d'un rapport du ministre de Bell'isolement de l'Allemagne, un des plus empresse. Depuis des années, on attribue systélui sont étrangères, et des plans ambitieux mensonges, on a réussi à voir dans la polioublie qu'elle nous a procuré trente-cinq ans est satisfaite de ses possessions, mais des Triple Alliance nous a, pendant longtemps, des Puissances, qu'on cherche à amener, nous *Déc.* Constitution pour le Transvaal. *13 déc.* Traité entre l'Angleterre, la France et l'Italie fluence en

FRANCE	RUSSIE	BALKANS	TURQUIE	AMÉRIQUE	JAPON
				Congrès pan-américain à Rio-de-Janeiro.	

1906

FRANCE	RUSSIE	BALKANS	TURQUIE	AMÉRIQUE	JAPON
Cambon, qui lient l'An-guerre franco-allemande. cas de guerre par les de la marine français et [72] Belgique à Londres, du 14 jan-engagée vis-à vis de la France bout, même en cas d'une guerre coûter. » [73] la France au sujet des Paris. En mars, réception festation est considérée comme Dans l'ensemble, on craint d'y venimer la situation au point du ministre de Belgique à [74] Fallières, Président (jusqu'en 1913).	*Mai.* Isvolsky, Ministre des Affaires Etrangères (jusqu'en 1910). Réunion de la première Douma (dissoute le 21 juillet). Le ministre de Belgique à Pétersbourg soutient le point de vue que la France peut en tout cas compter sur l'appui de la Russie. [75] Placement d'une partie de l'emprunt russe en Angleterre.	*Mars.* Guerre douanière entre la Serbie et l'Autriche-Hongrie.	*Avril-mai.* Incident d'A-kaba. Démonstration de la flotte anglaise. Rectification de la frontière turco-égyptienne.		

giquc à Berlin : « ...Parmi les moyens qui doivent servir à ployés et des plus efficaces, réside dans les campagnes de matiquement à l'Allemagne des menées machiavéliques, qui auxquels elle n'a jamais songé. Par la répétition de ces tique allemande, une menace pour le repos de l'Europe, et on de paix, et que le danger ne vient pas de l'Allemagne, qui Puissances qui aspirent à modifier la carte de l'Europe. La garanti la paix. Il est douteux qu'un nouveau groupement offre la même sécurité... » [76]

7 mars. Léon Bourgeois, Ministre des Affaires Etrangères.

Oct. Ministère Clémenceau, (jusqu'en 1909).

au sujet des zones d'in-Abyssinie.

GÉNÉRALITÉS	ALLEMAGNE	AUTRICHE-HONGRIE	ITALIE	ANGLETERRE
		1907		
	Janv. Traité d'options avec le Danemarck.			
	19 fév. Réunion du Reichstag nouvellement élu (Coalition contre le Centre et la démocratie socialiste).			*Fév.* Le Roi Edouard VII à *8 avril.* Entrevue du Roi Edouard avec le Roi Alphonse XIII d'Espagne à Carthagène.
			18 avril. Entrevue du Roi Edouard VII avec le Roi Victor-Emmanuel III, à Gaëte.	Le ministre de Belgique à Berlin, adresse à ce sujet le rapport suivant : « ...Comme le traité d'alliance avec le Japon, l'entente cordiale avec la France, les négociations pendantes avec la Russie, la visite du Roi d'Angleterre au Roi d'Espagne est un des mouvements de la campagne personnellement dirigée, avec autant de persévérance que de succès, par Sa Majesté Edouard VII, pour isoler l'Allemagne... Cette ardeur à unir, dans un but soi-disant défensif, des puissances que personne ne menace, peut paraître à bon droit suspecte... » [81]
15 juin au 18 oct. Seconde Conférence de la Paix à La Haye. Accroissement des armées des grandes Puissances de 1907 à 1914 : Russie en hiver de 591.000 hommes. Russie en été de 191.000 hommes. France de 215.000 hommes. Allemagne de 132.000 hommes. Autriche-Hongrie de 96.000 hommes. [77]	*3 au 6 juin.* Visite de l'Empereur à Copenhague.			*18 avril.* Entrevue du Roi Edouard VII et du Roi Victor Emmanuel III, à Gaëte. *Avril à mai.* Conférence coloniale à Londres. *16 mai.* Traité anglo-franco-ritoires méditerranéens.
	8 juillet. Prolongation du traité de la Triple Alliance. [80]			
	3 août. Rencontre de l'Empereur et du Tsar, à Swinemünde, en présence de Bülow et d'Isvolsky.	*15 août.* Le Roi Edouard VII, auprès de l'Empereur François-Joseph, à Ischl.		*24 mai.* Extrait d'un rapport du ministre de Belgique à Londres : « Il est évident que l'Angleterre officielle poursuit une politique sourdement hostile, qui tend à aboutir à l'isolement de l'Allemagne, et que le Roi Edouard n'a pas dédaigné de mettre son influence personnelle au service de cette idée, mais il y a un danger évident à envenimer aussi ouvertement l'opinion publique, que le fait la presse irresponsable. » [82]
	Sept. Le Roi Edouard VII, accompagné de Hardinge à Wilhelmshöhe.			*Août.* Le Président du Conseil auprès du Roi Edouard VII, à Constitution pour la colonie d'Orange.
	Oct. Le comte Wedel, Gouverneur de l'Alsace-Lorraine.			*2 août.* Haldane, Ministre de la Guerre. Loi sur la réorganisation de l'armée de terre, d'après la documentation obtenue à Berlin.
	29 oct. Convention avec la Russie, au sujet de la Baltique (Iles d'Aaland). [78]			*31 août.* Traité avec la Russie au sujet de la Perse, de l'Afghanistan et du Thibet. [83]
	9 nov. au 12 déc. Voyage de l'Empereur en Angleterre. Séjour à Windsor et à Highcliffe.			
	Offre de l'Empereur dans la question du chemin de fer de Bagdad : Abandon à l'Angleterre de l'accès à la côte nord du Golfe Persique. Le Cabinet anglais répond à cette proposition conciliante par la suggestion inadmissible de soumettre la question à une Conférence à laquelle prendraient part la Russie et la France. [79]			

FRANCE	RUSSIE	BALKANS	TURQUIE	AMÉRIQUE	JAPON
		1907			
Janv. Jules Cambon, ambassadeur à Berlin. Paris.					
	5 mars. Réunion de la seconde Douma (dissoute le 16 juin).				
	26 mars. Une escadre russe à Portsmouth.				
					9 juin. Traité avec la France au sujet de la Chine.
	28 juil. Traité avec le Japon au sujet de la Chine.				*28 juillet.* Traité avec la Russie, au sujet de l'intégrité de la Chine.
espagnol relatif aux ter-	*3 août.* Rencontre du Tsar (avec Isvolsky) et de l'Empereur Guillaume (avec Bülow) à Swinemünde.				
23 mai. Traité avec le Siam. Extension des possessions françaises en Indo-Chine.	*31 août.* Traité avec l'Angleterre, relatif à la Perse, à l'Afghanistan et au Thibet. [83]				
10 juin. Traité avec le Japon au sujet de la Chine.					
des Ministres Clémenceau Marienbad.	*29 oct.* Convention avec l'Allemagne, relative à la Baltique (Iles d'Aaaland). [78]				
	14 nov. Réunion de la troisième Douma.				

GÉNÉRA-LITÉS	ALLEMAGNE	AUTRICHE-HONGRIE	ITALIE	ANGLETERRE

1908

GÉNÉRA-LITÉS	ALLEMAGNE	AUTRICHE-HONGRIE	ITALIE	ANGLETERRE
		27 janv. Publication du projet du chemin de fer du Sandjak, par le Ministre des Affaires Etrangères, le baron d'Aehrenthal.		Extrait d'un rapport du ministre de Belgique « M. Delcassé se vante d'avoir préservé la campagne menée par lui, de concert avec le l'Allemagne… Quand le repos de l'Europe a-idées de revancbe françaises ?… La politique sous le prétexte de garantir l'Europe du péril un danger français trop réel et qui nous ligne. »
	25 mars. L'Empereur d'Allemagne à Venise.			Ministère Asquith (jusqu'en 1916).
23 avril. Déclaration relative au maintien du *statu quo* dans la Mer du Nord et dans la Baltique. [84]		*13 août.* Le Roi Edouard VII, auprès de l'Empereur François-Joseph, à Ischl. Sa nouvelle tentative de détacher l'Autriche de l'alliance avec l'Allemagne est péremptoirement rejetée par l'Empereur François-Joseph.		*Mars.* Proposition du Premier Lord de l'Amirauté Lord Fisher : utiliser l'impréparation de l'Allemagne (point de dreadnoughts contre dix anglais), pour attaquer la flotte allemande en pleine paix. (« To copenhagen — à la Nelson. ») [87]
	11 août. Le Roi Edouard VII à Hombourg.			*25 mai.* Le Président Fallières à Londres. Exposition anglo-française.
	Sept. Incident franco-allemand, à Casablanca.	*4 sept.* Négociations d'Aehrenthal avec Tittoni, à Salzbourg, au sujet de l'annexion imminente de la Bosnie et de l'Herzégovine.		*9 juin.* Entrevue d'Edouard VII et du Tsar, dans la rade de Reval. Accords sur les réformes en Macédoine et sur la création d'une communauté d'intérêts anglo-russe dans la question d'Orient. — Sir Charles Hardinge soutient, à cette occasion, le point de vue « qu'il est dans l'intérêt de la paix et du maintien de l'équilibre européen », qu'en vue de complications européennes futures, la Russie soit aussi forte que possible sur terre et sur mer. [88]
15 nov. La Belgique assume l'exercice des droits de souveraineté sur la colonie du Congo.	*Sept.* Le Roi Edouard VII, à Kronberg, accompagné de Hardinge. Ce dernier demande à l'Empereur Guillaume, l'arrêt de la construction de la flotte allemande, sous une menace de guerre déguisée. L'Empereur rejette cette insinuation.	*16 sept.* Négociations d'Aehrenthal avec Isvolsky, à Buchlau, également au sujet de la Bosnie et de l'Herzégovine.		
4 déc. 1908 au 26 févr. 1909. Conférence de Londres pour la réforme du droit de la guerre maritime. Déclaration de la Conférence navale de Londres.	*Nov.* Extrait d'un rapport du ministre de Belgique à Berlin : « incontestablement nous sommes redevables à l'Allemagne et aux intentions profondément pacifiques de l'Empereur des 37 années de tranquillité dont nous avons joui. » [85]	*3 oct.* Incorporation de la Bosnie et de l'Herzégovine. Traité de commerce avec la Serbie.		*18 oct.* Memorandum anglais (de Grey), pour la solution de la question des Détroits dans le sens russe. [89] *28 oct.* Publication d'une interview avec l'Empereur Guillaume, par le *Daily Telegraph*.

FRANCE	RUSSIE	BALKANS	TURQUIE	AMÉRIQUE	JAPON
		1908			

à Berlin, du 27 janvier :
paix du monde, grâce à la
Roi d'Angleterre, pour isoler
t-il été menacé, sinon par les
dirigée par le Roi Edouard VII,
allemand imaginaire, a créé
(Belges) menace en première

[86]

FRANCE	RUSSIE	BALKANS	TURQUIE	AMÉRIQUE	JAPON
	9 juin. Rencontre du Tsar et du Roi Edouard VII devant Reval. Accords relatifs aux réformes en Macédoine et à la création d'une communauté d'intérêts anglo-russe dans la question d'Orient. [88]		*Mai.* Fin de la construction du chemin de fer de l'Hedjaz, jusqu'à Médine.	*3o mai.* Echange de notes, entre l'Amérique et le Japon, relativement au maintien du *statu quo* dans l'Océan Pacifique.	
27 juil. Entrevue du Président Fallières et du Tsar à Reval.		*6 oct.* Déclaration d'indépendance de la Bulgarie.	*Juillet.* Révolution jeune-turque. Saïd Pacha Grand Vizir, à la place de Ferid Pacha. Rétablissement de la Constitution de 1876.		
Août. Le Président du Conseil des Ministres Clémenceau, auprès du Roi Edouard à Marienbad. Il détermine le Roi à envisager le renforcement du corps expéditionnaire à envoyer en cas de guerre. [90]	*16 sept.* Négociations de Buchlau, entre Aehrenthal et Isvolsky au sujet de l'annexion imminente de la Bosnie et de l'Herzégovine.	*7 oct.* Proclamation de la réunion de la Crète à la Grèce. La Serbie se tourne contre l'Autriche, à cause de l'annexion de la Bosnie et de l'Herzégovine. Traité de commerce entre la Serbie et l'Autriche-Hongrie. Grande démonstration navale de la flotte américaine au Japon.			

Oct. Isvolsky au Président du Conseil des Ministres serbe Milovanovitch : « Sa politique tend à liquider toutes les questions russes hors d'Europe, et à ramener la Russie à ses buts européens. La Serbie est un facteur important de cette politique, comme centre des Slaves du Sud. »

[91]

12 nov. Le Tsar au Président du Conseil des Ministres de Serbie : « La crise bosniaque ne pourra être résolue que par la guerre. »

[92]

FRANCE	RUSSIE	BALKANS	TURQUIE	AMÉRIQUE	JAPON
Déc. Traité du Congo avec la Belgique.			*Déc.* Réunion du Parlement.		

GÉNÉRA-LITÉS	ALLEMAGNE	AUTRICHE-HONGRIE	ITALIE	ANGLETERRE
		1909		
	9 fév. Convention du Maroc avec la France.	*Fév.* Entente avec la Turquie relative à la Bosnie et à l'Herzégovine.		*Fév.* Extrait d'un rapport du ministre de Belgique à Berlin : «... Le Roi d'Angleterre affirme que la conservation de la paix a toujours été le but de ses efforts ; c'est ce qu'il n'a pas cessé de dire depuis le début de la campagne diplomatique qu'il a menée à bonne fin, dans le but d'isoler l'Allemagne ; mais on ne peut pas s'empêcher de remarquer que la paix du monde n'a jamais été plus compromise que depuis que le Roi d'Angleterre se mêle de la consolider .. » [95]
	10 fév. Le Roi Edouard VII à Berlin. Déclaration du Roi à l'Empereur : « Il trouvait ridicule l'émotion de l'opinion publique et de la presse en Angleterre, au sujet de l'accroissement progressif de la flotte allemande. L'Empereur avait reçu l'assentiment du Reichstag au programme qu'il avait établi pour les forces navales nécessaires à l'Allemagne, et il devait exécuter ce programme. » [93]			Panique de flottes et d'invasion.
9 avril. Reconnaissance de l'annexion de la Bosnie et de l'Herzégovine par la Russie, l'Angleterre et la France.	*29 mars.* Bülow voue à l'Autriche-Hongrie pour les difficultés provenant de la question bosniaque-herzégovinienne, la « fidélité des Nibelungen ».	*30 mars.* Fin du conflit avec la Serbie. La Serbie cède.		Agitation en faveur du service militaire universel obligatoire (Lord Roberts). *Mars.* Acquisition de territoires siamois. *12 mars.* Grand projet de loi sur la flotte. Pendant la crise bos- / France et de l'Angleterre / Cambon, ambassadeur / sions pour ses corps de / et prend d'autres mesures / nement britannique con- / blement d'une escadre à / ratifs des Puissances / Conseil des Ministres de / faire la guerre.
	Mai. Le lieutenant-général von der Goltz est chargé par le Sultan de la réorganisation de l'armée turque.		*29 avril.* Rencontre du Roi Edouard VII et du Roi d'Italie à Baia. Le Roi Edouard VII parle de la probabilité d'un conflit prochain avec l'Allemagne. [96]	
	17 juin. Entrevue du Tsar et de l'Empereur dans les passes de Finlande. *14 juillet,* de Bethmann Hollweg, Chancelier de l'Empire (jusqu'en 1917). *Août.* Commencement des tentatives d'entente avec l'Angleterre (jusqu'au printemps 1912).		*23 oct.* Le Tsar à Racconigi. Convention de Racconigi : « L'Italie et la Russie s'engagent à observer réciproquement une attitude bienveillante, — la première à l'égard des intérêts russes dans la question des Détroits ; la seconde à l'égard des intérêts italiens dans la Tripolitaine et la Cyrénaïque. » [94] *10 déc.* Ministère Sonnino.	*2 août.* Rencontre du Tsar et du Roi Edouard VII à Cowes.
17 déc. Le Roi Léopold de Belgique †. Avènement du Roi Albert.				

FRANCE	RUSSIE	BALKANS	TURQUIE	AMÉRIQUE	JAPON

1909

FRANCE	RUSSIE	BALKANS	TURQUIE	AMÉRIQUE	JAPON
9 fév. Convention du Maroc avec l'Allemagne.	Mars. Goutchkow, au ministre de Serbie Kosoutitch: « Dès que nos armements seront complètement terminés, nous nous expliquerons avec l'Autriche-Hongrie. Ne commencez pas de guerre maintenant. Gardez à présent le silence sur vos intentions, et préparez-vous. Les jours de bonheur viendront pour vous. » [97] Mars. Isvolsky déclare au ministre de Serbie que l'Italie est, dans la Triple Alliance, un élément d'inertie, que l'entente entre l'Angleterre, la France et la Russie devient toujours meilleure. La lutte avec le germanisme est inévitable. La Serbie est condamnée à une existence précaire, jusqu'à ce qu'intervienne la chute de l'Autriche-Hongrie. [98]	27 mars. Le prince héritier George de Serbie renonce à la succession au trône. 30 mars. La Serbie cède dans le conflit avec l'Autriche. (Déclaration de loyauté : promesse de s'abstenir de toute agitation anti-autrichienne).	13 avril. Contre-révolution à Constantinople.	Le Président Taft, républicain (jusqu'en 1913.)	23 janvier. Le Japon garantit l'indépendance et l'intégrité de l'Empire de Corée.

niaque, préparatifs secrets de mobilisation de la contre l'Allemagne, à la suggestion de Jules de France à Berlin. La France supprime les permis- l'armée de l'Est, opère des déplacements de troupes pour la préparation de la mobilisation. Le Gouver- certe avec le Gouvernement français, le rassem- Malte. L'Amirauté prend ses mesures. — Les prépa- de l'Entente doivent être arrêtés, parce que le Russie déclare qu'il est impossible à la Russie de [99]

19 avril. Reconnaissance de l'indépendance de la Bulgarie par la Turquie.

27 av. Déposition de Abdul-Hamid. Mohammed V, Sultan. Hilmi Pacha Grand Vizir.

FRANCE	RUSSIE	BALKANS	TURQUIE
24 juil. Le Ministère Briand remplace Clémenceau. 31 juil. Rencontre du Tsar et du Président Fallières, à Cherbourg.	17 juin. Rencontre de l'Empereur Guillaume et du Tsar dans les passes de Finlande. 2 août. Le Tsar à Cowes, auprès du Roi d'Angleterre. Déc. Convention militaire russo-bulgare. (Article 5 : « Considérant que la réalisation des aspirations élevées des peuples slaves dans la Péninsule des Balkans... n'est possible qu'après l'issue favorable de la lutte de la Russie contre l'Allemagne et l'Autriche-Hongrie... ») [101]	10 oct. Sir Charles Hardinge assure le ministre de Serbie à Londres, des sympathies extraordinaires de l'Angleterre pour le peuple serbe. [100]	Mai. Le baron von der Goltz est appelé à Constantinople pour réorganiser l'armée turque.

GÉNÉRA-LITÉS	ALLEMAGNE	AUTRICHE-HONGRIE	ITALIE	ANGLETERRE
			1910	
			3o mars. Ministère Luzzatti. San Giuliano, Ministre des Affaires Etrangères.	*6 mai.* Le Roi Edouard VII †. L'Empereur Guillaume aux funérailles à Londres. Avènement du Roi George V. *31 mai.* Proclamation de l'Union Sud-Africaine.
	4 à 5 nov. Le Tsar avec Sazonoff, Ministre des Affaires Etrangères, à Potsdam.			*Déc.* Loi pour le renforcement de la Home Fleet (dirigée contre l'Allemagne).
			1911	
	Mai. Constitution pour l'Alsace-Lorraine. *Mai.* L'Empereur à Londres pour l'inauguration de la statue de la Reine Victoria. *Juin.* Traité de commerce avec le Japon. *1ᵉʳ juil.* La « Panther » devant Agadir. D'après la définition donnée par le publiciste français Millet, « c'est une sommation à la diplomatie française d'avoir à parler d'affaires ». [1o2] Conflit avec la France. *19 août.* Traité avec la Russie relatif à la Perse. *4 nov.* Convention avec la France, relative au Maroc et à l'Afrique Occidentale.		*15 fév.* Le Roi Pierre de Serbie à Rome. *27 mars.* Ministère Giolitti (à la place de Luzzatti). *Sept.* Commencement de la guerre de Tripolitaine.	*Fév.* Traité d'arbitrage anglo-franco américain. *29 avril.* Rapport du ministre de Belgique à Paris : « L'An-France dans le bourbier marocain, considère son œuvre *16 mai.* L'Empereur Guillaume à Londres pour l'inauguration de la statue de la Reine Victoria. Le Roi George déclare que l'Angleterre ne fera pas à la France de difficultés au Maroc. La France n'y faisait que ce que l'Angleterre avait fait en Egypte. *Mai.* Grey informe l'ambassadeur d'Allemagne, qu'au cas d'un conflit au sujet du Maroc, toutes les obligations de l'Angleterre deviendront « operative ». il assure « que l'Angleterre en tout cas et en toutes circonstances, se conformera à ses obligations envers la France ». [1o3] *13 juil.* Second renouvellement de l'alliance avec le Japon. (L'Angleterre, en cas d'une guerre entre le Japon et l'Amérique, n'est pas obligée à assistance.) *21 juil.* Discours menaçant de Lloyd George, à la Chambre des Communes. Avertissement que l'Allemagne, en cas de provocation, trouverait la puissance britannique aux côtés de la France. Extrait d'un rapport du ministre de Belgique à Berlin, du en Angleterre et en France, considère l'entente cordiale bien le caractère qu'a voulu lui imprimer le feu Roi d'An-défense d'intérêts communs, mais sur la base négative de la *20 déc.* Rapport de l'ambassadeur de Russie à Paris : « ...il est très remarquable que, dans les jours graves de l'été, l'Angleterre, sans être liée à la France par un accord formel, était prête à mettre en mouvement, non seulement sa flotte, mais encore toute son armée expéditionnaire contre l'Allemagne. » [1o4]

44

FRANCE	RUSSIE	BALKANS	TURQUIE	AMÉRIQUE	JAPON
1910					
	4 juil. Traité avec le Japon, relatif à la Mandchourie. *28 sept.* Retraite du Ministre des Affaires Etrangères Isvolsky. Successeur : Sazonoff. Isvolsky devient ambassadeur à Paris. *Nov.* Le Tsar, avec Sazonoff, à Potsdam.	*28 août.* Le Montenegro, Royaume. *Oct.* Venizelos, Président du Conseil des Ministres de Grèce.	*10 janv.* Hakki Pacha, Grand-Vizir.	*Janv.* Proposition Knox : Annulation des concessions de chemin de fer russo-japonaises, en Mandchourie. Rejetée par la Russie et par le Japon.	*4 juillet.* Traité avec la Russie relatif à la Mandchourie. *Août.* Annexion de la Corée.
1911					
1er mars. Delcassé, Ministre de la Marine. gleterre, qui a poussé la avec complaisance. » [105] *21 mai.* Conquête de Fez, et, par suite, violation de l'Acte d'Algésiras. *26 juin.* Ministère Caillaux. *2 juil.* Rapport du ministre de Belgique à Paris : « Il n'est pas contestable aujourd'hui que l'attitude du Gouvernement de la République a amené ou permis le débarquement des Espagnols à Larache, et l'envoi d'un navire de guerre allemand à Agadir. » [106] *4 nov.* Convention avec l'Allemagne, relative au Maroc et à l'Afrique Occidentale. 6 déc. : « ...Avec ou sans engagement écrit ou verbal, tout le monde, comme une alliance défensive et offensive contre l'Allemagne. C'est gleterre. L'entente cordiale a été fondée non sur la base positive de la haine contre l'Empire allemand.... » [107]	*7 mai.* Traité russo-japonais, relatif à la Mongolie. *19 août.* Traité avec l'Allemagne, relatif à la Perse et au chemin de fer de Bagdad. *14 sept.* Assassinat de Stolypine. *Nov.* Traité de protectorat avec la Mongolie.		*Mars.* Nouveaux traités avec la Société du chemin de fer de Bagdad. (Garantie de la continuation de la construction immédiate de la voie jusqu'à Bagdad.) *Sept.* Commencement de la guerre avec l'Italie, au sujet de la Tripolitaine.	Visite de la flotte américaine en Angleterre. *Fév.* Convention entre l'Amérique et le Japon, relative à l'immigration japonaise. *14 mars.* Discours de l'amiral Sims au Guildhall à Londres : l'Amérique prouvera son amitié envers l'Angleterre, jusqu'au dernier dollar et jusqu'à la dernière goutte de sang. Dans un rapport de la même époque, l'amiral expose, qu'après des conversations dans les milieux militaires et maritimes anglais, il y a trouvé répandue la conviction générale que la guerre ne pouvait être différée plus de quatre ans, et qu'il partage cette manière de voir. [108]	*7 mai.* Traité russo-japonais, relatif à la Mongolie. *Juin.* Traité de commerce avec l'Allemagne. *13 juil.* Second renouvellement de l'alliance anglo-japonaise.

GÉNÉRA- LITÉS	ALLEMAGNE	AUTRICHE- HONGRIE	ITALIE	ANGLETERRE

1912

GÉNÉRALITÉS	ALLEMAGNE	AUTRICHE-HONGRIE	ITALIE	ANGLETERRE
12 février. La Chine, République. Yuan-Tchi-Kaï, Dictateur, plus tard Président.	*7 fév.* Annonce d'un nouveau projet de loi sur la flotte. Lord Fisher, dans ses Mémoires : « Les Allemands ne construisent pas avec cette hâte fiévreuse pour nous combattre. Non! Ils ont la frayeur perpétuelle d'un nouveau Copenhague. » Jusqu'en 1915 ils sont en infériorité; leurs côtes sont accessibles aux Anglais. [109] *8 fév.* Le Ministre de la Guerre anglais, Haldane, à Berlin. Ses offres étaient les suivantes : l'Angleterre s'engagerait « à ne pas se livrer à une agression non provoquée contre l'Allemagne et à s'abstenir d'une politique agressive contre l'Allemagne » si, en échange, l'Allemagne renonçait au projet de loi sur la flotte. Cette condition était inacceptable pour l'Allemagne. Dans des négociations ultérieures, Grey a déclaré qu' « une convention de neutralité ouverte... blesserait les susceptibilités de la France ». L'Angleterre est allée si loin, que, finalement, elle a demandé le maintien de Bethmann Hollweg à son poste, vu que ce dernier possédait la confiance de l'Angleterre. Bien qu'une entente n'eût pu être réalisée, l'Allemagne construit selon un programme réduit; par contre, l'Angleterre exécute son programme intégral. [110] *Mai.* Marschall, ambassadeur à Londres. *10 mai.* Adoption du nouveau projet sur l'armée. Maintenant encore l'Allemagne a sur pied 24 bataillons de moins que la France, d'après la nouvelle loi des cadres. *4 juil.* L'Empereur à Port-Baltique. Dernière visite en Russie avant l'explosion de la guerre.	*17 fév.* Comte d'Aehrenthal †. Le comte Berchtold, Ministre des Affaires Etrangères.	*6 juin*. Déclaration de Poincaré à Jsvolsky, que la France et la Russie ne désiraient pas la sortie expresse de l'Italie de la Triple Alliance, vu que « l'Italie était dans la Triple Alliance un élément qui l'entravait ». [111]	*8 fév.* Mission du Ministre de la Guerre Haldane, à Berlin. Extrait d'un rapport de l'ambassadeur de Russie à Londres, du 8 février : « ...Sans être dépourvue de l'ambition d'accroître ses possessions coloniales, l'Allemagne procède de préférence par la voie de la pénétration, en contribuant surtout à de grandes entreprises pour lesquelles elle se heurte toujours à la résistance de l'Angleterre... La preuve la plus frappante me paraît être le chemin de fer de Bagdad... La finance de presque toute l'Europe, même de l'Angleterre, participe à ce projet. Et c'est pourtant surtout l'Angleterre qui crée des difficultés... » [112] *9 fév.* Discours du Premier Lord de l'Amirauté Churchill contre la « flotte de luxe » de l'Allemagne. Déclaration de l'attaché militaire anglais, le colonel Bridges, au chef de l'Etat-Major général belge Jungbluth : « En cas de guerre, l'Angleterre aurait débarqué immédiatement, et sans attendre l'assentiment de la Belgique, des troupes en Belgique. » [113] Le Gouvernement belge n'élève pas de protestation contre cette déclaration. *Juin.* Extrait d'un rapport du ministre de Belgique à Berlin : « ...Sir Edward Goschen a passé sous silence une autre cause, plus profonde peut-être, de l'aversion de la nation anglaise contre la nation germanique; c'est leur rivalité industrielle et commerciale. L'Angleterre voit avec une jalousie bien naturelle un peuple européen gagner chaque année du terrain dans la lutte économique mondiale, et, là aussi, menacer la suprématie qu'elle s'était assurée .. » [114]

FRANCE	RUSSIE	BALKANS	TURQUIE	AMÉRIQUE	JAPON
		1912			
Il résulte de la loi des cadres, que l'armée française est de 24 bataillons plus forte que l'armée allemande. *Janv.* Poincaré, Président du Conseil et Ministre des Affaires Etrangères. *30 mars.* Protectorat sur le Maroc. *Printemps.* Dépêche de Poincaré, à l'ambassadeur de France à Berlin : « Le Gouvernement allemand semble poursuivre, avec une obstination inlassable, un rapprochement (avec la France) qui ne serait possible que par la restitution de l'Alsace-Lorraine. A écouter des propositions comme celles-là, nous nous brouillerions avec l'Angleterre et avec la Russie. Nous perdrions tout le bénéfice de la politique que la France suit depuis de longues années. » [115]	*Mars.* Ordre secret : « Le Tsar ordonne que la proclamation de la mobilisation soit considérée comme la proclamation de la guerre contre l'Autriche et l'Allemagne. » [116] *Mars.* Création de la Ligue balkanique, sous la direction de la Russie, avec tendances hostiles à l'Autriche et à la Turquie (cachée aux Puissances Centrales). [117] *Mars.* Déclaration du Tsar au prince héritier de Serbie Alexandre : « que les aspirations serbes vis-à-vis de l'Autriche-Hongrie, seront bientôt réalisées ». [118] *4 juil.* Entrevue du Tsar (avec Sazonoff) et de l'Empereur Guillaume (avec Bethmann) devant Port Baltique. Dans tous les entretiens, on a passé sous silence la Ligue balkanique, conclue au printemps, tout en protestant des intentions pacifiques de la politique russe. [119] *8 juil.* Convention russo-japonaise pour le cas d'une guerre europénne, et ayant comme but de couvrir la Russie dans l'Asie orientale. [120]			Traité d'arbitrage avec l'Angleterre.	*8 juil.* Traité russo-japonais permettant à la Russie, en cas de guerre européenne, de retirer ses troupes de Sibérie. Le Japon se voit assurer Kiao-Tchéou. [123] *30 juil.* L'Empereur Mutsuhito †. Avènement de l'Empereur Yoshihito.
16 juillet. Convention navale entre la France et la Russie. Transfert de la flotte française, dès le temps de paix, dans l'est de la Méditerranée, pour faciliter à la Russie, l'acquisition de la domination de la Mer Noire (par conséquent des Détroits). [121] *Août.* Poincaré à Pétersbourg. Il promet l'introduction du service de trois ans. [122]					

1912 (*suite*)

GÉNÉRALITÉS	ALLEMAGNE	AUTRICHE-HONGRIE	ITALIE	ANGLETERRE
	24 sept. Mort du baron Marschall, ambassadeur d'Allemagne à Londres. Successeur : prince Lichnowsky.			*6 juin.* L'amiral Limpus reçoit du Sultan, le commandement de la flotte turque. *Sept.* Sazonoff à Balmoral. Le Roi George : Les Anglais, en cas de guerre, anéantiraient non seulement la flotte de guerre allemande, mais encore la marine de commerce allemande. (« Nous coulerons tout navire de commerce allemand qui tomberait entre nos mains »). Grey : « L'Angleterre, le cas échéant, fera tout en son pouvoir pour porter à la puissance allemande le coup le plus sensible. » Il confirme l'existence d'un accord anglo-français, d'après lequel l'Angleterre, en cas de guerre avec l'Allemagne, se serait engagée à soutenir la France, non seulement sur mer, mais aussi sur le continent, par le débarquement de troupes. [126] *Sept.* Convention navale gleterre assume, en cas de côtes du nord de la France. tièrement transférée dans la
	Oct. Sazonoff à Berlin.	*21 oct.* Conversations entre le comte Berchtold et San Giuliano à San Rossore : Entente au sujet de l'Albanie.	*18 oct.* Paix de Lausanne avec la Turquie. *Nov.* Poincaré rappelle à Tittoni la convention franco-italienne de 1902, en vertu de laquelle la France est eu droit, au cas d'une guerre avec l'Allemagne et l'Autriche, de compter sur la neutralité de l'Italie. [124]	*Nov.* Grey à l'ambassadeur de Russie. L'intervention immédiate de l'Angleterre, dans une guerre aux côtés de la Russie, est subordonnée à deux conditions : « 1° que la participation active de la France fasse de cette guerre une guerre générale ; 2° qu'il était indispensable que la responsabilité de l'agression retombât sur l'adversaire... Il était donc nécessaire de faire ressortir, le plus clairement possible, le caractère agressif de la politique autrichienne ou allemande. » [127]
12 nov. Grand projet de loi militaire belge, qui doit porter les effectifs de guerre de l'armée, de 180.000 hommes à 340.000 hommes. *17 déc.* Commencement de la Conférence des ambassadeurs à Londres, au sujet de la question albanaise.	*5 déc.* Renouvellement de la Triple Alliance.		[125]	*22-23 nov.* Echange de let-bassadeur de France : Ac-tance armée réciproque de France, au cas d'une agres-tierce Puissance, ou d'un paix générale ».

FRANCE	RUSSIE	BALKANS	TURQUIE	AMÉRIQUE	JAPON

1912 (suite)

FRANCE	RUSSIE	BALKANS	TURQUIE	AMÉRIQUE	JAPON
Automne. Voyage de l'Etat-Major général français, sur le territoire belge, révélé par la maladie du lieutenant-colonel Picard, à Namur. *Sept.* Poincaré, à Isvolsky : «... Si le choc de la Russie et de l'Autriche entraînait une intervention armée de l'Allemagne, la France reconnaît d'avance ce fait comme constituant le *casus fœderis.* » [129] anglo-française. L'Anguerre, la protection des La flotte française est en-Méditerranée. [130] Pendant le conflit des Balkans : *17 et 18 nov.* Télégrammes d'Isvolsky, de Paris : « Poincaré abandonne l'initiative à la Russie. Si la Russie se décide à la guerre, la France fera cause commune avec elle, aussitôt que l'Allemagne soutiendra l'Autriche-Hongrie. » [131] tres de Grey avec l'am-cords relatifs à l'assis-l'Angleterre et de la sion non provoquée d'une « incident menaçant la [128]	*Sept.* Sazonoff, à Balmoral. *Nov.* Révocation de l'ordre de mars, relatif à l'ouverture des hostilités contre l'Allemagne et l'Autriche, vu qu'il peut être avantageux d'effectuer la concentration, sans ôter irrévocablement à l'adversaire, l'espoir d'éviter la guerre. Les mesures militaires de la Russie, doivent donc être voilées par des négociations diplomatiques adroites pour endormir le plus possible les craintes de l'adversaire. [132] *26 nov.* Rapport du ministre de Serbie à Bucarest : « Les ministres de Russie et de France, conseillent, comme amis de la Serbie, de ne pas pousser les choses à l'extrême dans la question de l'accès à la Mer Adriatique... Il serait préférable d'attendre que la Serbie, qui sera au moins deux fois aussi grande qu'elle l'est actuellement, se fortifiât et se recueillît pour attendre, aussi bien préparée que possible, les graves événements qui doivent surgir entre les grandes Puissances. » [133] *Déc.* Rapport du ministre de Serbie à Pétersbourg, au sujet d'une déclaration de Sazonoff : «... Après notre grand succès, il avait confiance en notre force, et croyait que nous ébranlerions l'Autriche. C'est pourquoi nous devions nous contenter maintenant de ce que nous allons obtenir, et ne considérer cela que comme une étape, car l'avenir nous appartient. » [134] *7 déc.* Convention avec la Chine, au sujet de la Mongolie.	*Oct.* Première guerre des Balkans (entre la Turquie et la Bulgarie, la Serbie, le Monténégro, la Grèce). Avance victorieuse des alliés, jusqu'à la ligne de Tchataldja, près de Constantinople. *14 déc.* Commencement des négociations de paix à Londres.	*29 oct.* Kiamil Pacha, Grand Vizir.		

GÉNÉRA- LITÉS	ALLEMAGNE	AUTRICHE- HONGRIE	ITALIE	ANGLETERRE
		1913		
	Janv. de Jagow, Secrétaire d'Etat des Affaires Étrangères.			
	26 fév. Adhésion à l'alliance renouvelée de l'Autriche-Hongrie et de la Roumanie. [135]	*5 fév.* Renouvellement de l'alliance avec la Roumanie. [135]		
	Extrait d'un rapport du ministre de Belgique à Berlin du *8 mars* : « ...En ce qui concerne les plans belliqueux qu'on attribue à l'Allemagne, il suffit d'ouvrir chaque matin un journal de Paris pour être fixé à ce sujet. De pareils plans cadrent mal avec le caractère profondément religieux et pacifique de l'Empereur... » [136]			
28 mars. Vote de la grande loi belge sur l'armée.	*Mars.* Budget de la Guerre. (Voté le 3o juin.)		*5 mars.* Accession à l'alliance austro-roumaine. [135]	
	Mai. Le Roi George V d'Angleterre, avec son épouse et le Tsar se rendent à Berlin aux noces de la princesse Victoria-Louise, avec le duc Ernest-Auguste de Brunswick. En discutant la situation politique, le Tsar dit : Il n'élevait de prétentions ni sur Stamboul, ni sur les Dardanelles; le Sultan devait rester le « Portier des Dardanelles ». Le Roi d'Angleterre a approuvé sans réserve cette manière de voir du Tsar, qui concorde avec la politique de l'Empereur d'Allemagne.	*8 mai.* Accord austro-italien, au sujet de l'Albanie. [137]		*9 avril.* Rapport du ministre de qu'au milieu de la semaine der- générale européenne, et que le sacrifices moraux, doit être at- ser, de se recueillir et de se avenir prochain. En outre, j'ai également appris royal anglais aux noces de la blique, sera promptement para- Entente, et que cette dernière

1913

FRANCE	RUSSIE	BALKANS	TURQUIE	AMÉRIQUE	JAPON
17 janv. Election de Poincaré à la Présidence. Viviani, Président du Conseil des Ministres et Ministre des Affaires Etrangères. Le ministre de Belgique à Paris, mande, les *14* et *21 févr.* : « ...M. Poincaré est Lorrain, et ne manque aucune occasion de le rappeler; il fut le collaborateur et l'instigateur de la politique militariste de M. Millerand... Sous son ministère se sont réveillés les instincts militaristes — légèrement chauvins — du peuple français... » [138] *25 fév.* Extrait d'un rapport de l'ambassadeur de Russie à Londres : d'après son impression, la France est, de toutes les Puissances, la seule qui verrait la guerre sans regrets. [139] *24 mars.* Delcassé, ambassadeur à Pétersbourg, à la place de Georges Louis. La France insiste sur l'accélération de l'organisation de la mobilisation russe et de la construction de voies ferrées à la frontière occidentale russe. Serbie à Paris : « Une personnalité compétente... m'a informé nière, nous étions immédiatement devant le danger d'une guerre motif pour lequel cette guerre a été évitée au prix de certains tribué au désir de permettre aux alliés balkaniques de se repo- préparer à des éventualités qui pourraient surgir dans un d'une source très sûre que l'effet que la présence du couple fille de l'Empereur d'Allemagne, produira sur l'opinion pu- lysé par une autre manifestation dans le sens de la Triple aura une importance politique beaucoup plus considérable. » [142]	*Mars.* Création de la « période de préparatifs de guerre » (préparatifs secrets à faire avant le commencement de la mobilisation). [140] Déclaration de Sazonoff, d'après des rapports du ministre de Serbie à Pétersbourg du *12 mai* : La Serbie doit travailler pour des temps futurs, où elle recevra beaucoup de territoires de l'Autriche-Hongrie... [141]	*6 janv.* Rupture des négociations de paix à Londres. *Fév.-mars.* Renouvellement de l'alliance de la Roumanie avec les Puissances de la Triple Alliance. [135] *26 mars.* Prise d'Andrinople par les Bulgares. *29 mars.* Décision de la Conférence des ambassadeurs de Londres au sujet des frontières de l'Albanie. *23 avril.* Occupation de Scutari par les Monténégrins. *4 mai.* Evacuation de Scutari par les Monténégrins. *6 mai.* Extrait d'une lettre de Sazonoff au ministre de Russie à Belgrade : « La terre promise de la Serbie est située dans le territoire de l'Autriche-Hongrie actuelle. ...Le temps travaille pour la Serbie, et à la perte de ses ennemis qui donnent déjà des signes manifestes de décomposition. » [143] *30 mai.* Paix de Londres. Fin de la première guerre balkanique.	*11 juin.* Assassinat du Grand Vizir Mahmoud Chewket Pacha.	*4 mars.* Président Wilson, démocrate (jusqu'en 1921).	

GÉNÉRA-LITÉS	ALLEMAGNE	AUTRICHE-HONGRIE	ITALIE	ANGLETERRE

1913 *(suite)*

GÉNÉRA-LITÉS	ALLEMAGNE	AUTRICHE-HONGRIE	ITALIE	ANGLETERRE
			2 juil. Le Roi Victor Emmanuel et son épouse, à Kiel.	
	Août. Ratification de l'accord anglo-allemand au sujet des colonies portugaises.			
				Sept. Agitation dans l'Ulster.
		Oct. Conflit avec la Serbie au sujet de l'Albanie.		*Oct.* Extrait d'un rapport de a déclaré « que bien qu'il et l'Angleterre, le moindre de l'armée et de la marine des intimes, et se communiquaient cérité entière, toutes les nou-

1ᵉʳ nov. Convention navale entre l'Allemagne, l'Autriche-Hongrie et l'Italie. (Opérations combinées des forces navales dans la Méditerranée.) [144]

FRANCE	RUSSIE	BALKANS	TURQUIE	AMÉRIQUE	JAPON
		1913 *(suite)*			
		5 juil. Commencement de la seconde guerre balkanique (La Roumanie, la Serbie, la Grèce contre la Bulgarie.)			
Août. Rétablissement du service de trois ans. *Automne.* Le Grand-Duc Nicolas Nicolaïevitch parcourt la frontière franco-allemande.		*10 août.* Paix de Bucarest entre les Etats balkaniques. Déclaration du Président du Conseil des Ministres de Serbie, Pachitch : « La première partie est gagnée ; il faut préparer la seconde contre l'Autriche. » [148]			
		9 sept. Paix de Constantinople entre la Turquie et la Bulgarie.			
Sazonoff au Tsar : Poincaré n'existât pas, entre la France traité écrit, les états-majors deux pays, étaient en relations continuellement, avec une sinvelles. » [145]		*3 oct.* Candidature du prince Guillaume de Wied, à la principauté d'Albanie. *20 oct.* Evacuation de l'Albanie par les Serbes.			
	5 nov. Second traité de Mongolie avec la Chine. Déclarations de Sazonoff : « L'attachement à la paix de l'Empereur d'Allemagne nous garantit que nous pourrons fixer nous-mêmes l'instant de la guerre. » [146] « La Serbie est le seul Etat des Balkans en lequel la Russie ait confiance. La Russie fera tout pour la Serbie. » [147]	*14 nov.* Paix d'Athènes entre la Turquie et la Grèce.	*Déc.* Appel du général Liman de Sanders à Constantinople pour la réorganisation de l'armée turque.— Protestations de l'Angleterre, de la France et de la Russie contre l'attribution à Liman du commandement du corps d'armée de Stamboul.		

GÉNÉRALITÉS	ALLEMAGNE	AUTRICHE-HONGRIE	ITALIE	ANGLETERRE

1914

GÉNÉRALITÉS	ALLEMAGNE	AUTRICHE-HONGRIE	ITALIE	ANGLETERRE
Mai. Déclaration du Président du Conseil, et Ministre de la Guerre de Belgique, de Brocqueville, à l'attaché militaire allemand : « Si j'étais chef de l'Etat-Major général de l'Allemagne ou de la France, et si l'intérêt stratégique, le bien de ma patrie, l'exigeait, je n'hésiterais pas un instant, à pénétrer sur un territoire neutre, et à m'ouvrir un passage de force. Cela est si naturel que je m'étonnerais, le cas échéant, du contraire. » [149]	*15 fév.* Convention franco-allemande relative à l'Asie-Mineure.			*2 janv.* Discours du général Smuts au Parlement de l'Union Sud-africaine : « Sûrement le jour n'est pas loin où la plus grande partie, peut-être même la totalité des territoires de l'Afrique du Sud au Sud de l'Equateur, se trouvera comprise dans l'Union Sud-Africaine. » [154]
Effectifs du pied de paix des armées de terre 1914 : [150] Allemagne 760.908 Autr.-Hongrie 477.859 1.238.767 Russie 1.445.000 France * 910.000 Angleterre 248.000 Serbie 51.600 Belgique 61.282 2.715.882	*3 mars.* Article sensationnel de la *Gazette de Cologne* sur les armements russes et sur les efforts de la presse russe, pour rendre populaire la guerre contre l'Allemagne.	*21 mars.* Ministère Salandra. Conflits austro-italiens en Albanie.		*28 mars.* Rapport du chef du mouvement panslaviste Brantchaminow au sujet d'une déclaration de Grey : « L'Angleterre prendra part à la grande guerre qui éclatera dans un couple de mois. Pour l'Angleterre, la guerre constitue une issue désirée à ses difficultés intérieures. » [155]
En hiver il vient s'y ajouter pour la Russie 400.000 hommes = 3.115.882				*Mars à juin.* Négociations relatives à une convention navale anglo-russe. (Opérations combinées des deux flottes.) [156]
Proportion des effectifs de paix au chiffre de la population : [151] en France 2 o/o en Allemagne 1,17 o/o en Autriche - Hongrie 0,94 o/o	*Avril.* de Dallwitz, Gouverneur d'Alsace-Lorraine, à la place du comte Wedel.			*Avril.* Accumulation d'or dans les banques anglaises.
Chiffre des recrues incorporées : [152] France : 78 à 82 o/o Allemagne, jusqu'à 1913 : 50 à 55 o/o				*21 avril.* Le couple Paris accompagné par

* Y compris 67.000 hommes de couleur, d'après Buat.

FRANCE	RUSSIE	BALKANS	TURQUIE	AMÉRIQUE	JAPON
		1914			

FRANCE	RUSSIE	BALKANS	TURQUIE	AMÉRIQUE	JAPON
Janv. Le Ministère de la Guerre français, dispose de crédits considérables pour le ravitaillement de Paris. Au cours des débats, le gouverneur militaire de Paris, le général Michel, dit : Cette année est une année extraordinaire, nous ne savons pas si la mobilisation n'aura pas lieu en mars ou en avril. [158] *Janv.* Paléologue, ami de Poincaré, ambassadeur de France à Pétersbourg, à la place de Delcassé. Extrait d'un rapport du ministre de Belgique à Paris, du *16 janvier* : « Ce sont en fait MM. Poincaré, Delcassé, Millerand et leurs amis qui ont inventé et poursuivi la politique nationaliste, cocardière et chauvine, dont nous avons constaté la renaissance. C'est un danger pour l'Europe et pour la Belgique. J'y vois le plus grand péril qui menace aujourd'hui la paix de l'Europe... » [159] royal anglais se rend à Grey. *Avril.* Déclaration de Clémenceau à Sabini, attaché commercial à l'ambassade d'Italie à Paris : « Dans trois mois nous aurons la guerre. L'Italie sera-t-elle avec nous ? » [160]	Article de nouvel an du journal militaire russe *Rasvjadchik* : « Nous savons tous que nous nous préparons à une guerre à la frontière ouest, principalement contre les Allemands... Tout le peuple russe doit être habitué à l'idée que nous devons nous armer pour une guerre d'extermination contre les Allemands, et que les Empires allemands doivent être anéantis, alors même que nous devrions y sacrifier des centaines de milliers de vies. » [162] *Janv.* Nouvel emprunt de 2 milliards 1/2 en France pour la construction de voies stratégiques. *2 fév.* Réception par le Tsar du Président du Conseil des Ministres de Serbie. Discussion des buts guerriers de la politique commune contre l'Autriche-Hongrie dans ses détails. Le Tsar dit : « Nous ferons tout pour la Serbie. » [163]	*9 mars.* Paix de Constantinople entre la Turquie et la Serbie.	*Janv.* Liman de Sanders est relevé de ses fonctions de commandant en chef à Constantinople. *3 fév.* Traité avec l'Angleterre au sujet du chemin de fer de Bagdad.		*Avril.* L'attaché naval allemand à Tokio mande « qu'il est absolument frappé de la conviction avec laquelle tout le monde, là-bas, considère la guerre de la Triple Entente contre l'Allemagne, comme certaine dans un avenir prochain... Il y a dans l'air comme une sorte de compassion pour un arrêt de mort non encore prononcé. » [164]

GÉNÉRALITÉS	ALLEMAGNE.	AUTRICHE-HONGRIE	ITALIE	ANGLETERRE
		1914 *(suite)*		
			29 mai. Traité avec la France au sujet des intérêts italiens en Tunisie.	Dans le numéro de mars des *Foreign Affairs'* (Official Organ of the Union of Democratic Control London) est insérée une lettre du professeur Conybeare qui contient, entre autres, les renseignements suivants qu'il n'est pas possible de contrôler ici, mais qu'il faut reproduire pour ne rien laisser échapper : 1. Il savait personnellement, qu'en mars 1914, des officiers britanniques avaient arpenté les quais du Hâvre et d'autres ports, en vue d'un débarquement de troupes britanniques; 2. L'ancien agent du Lloyd à Pétersbourg, Mac Lelland, lui avait raconté qu'avant le 28 juin 1914 (date de l'assassinat de l'archiduc François-Ferdinand), il avait reçu de Londres un télégramme lui prescrivant de recevoir à Cronstadt une grande flotte de commerce britannique. Les navires étaient arrivés à vide. Ils étaient destinés à recevoir des troupes russes, et à les débarquer en Allemagne. Le bourgmestre de Pétersbourg lui avait dit que la guerre était imminente.
	Juin. Ratification de la convention anglo-allemande de Bagdad. Extrait d'un rapport du ministre de Belgique à Berlin du *12 juin* : « ...L'Allemagne n'a qu'à prendre patience, qu'à poursuivre en paix le développement incessant de sa puissance économique et financière, qu'à attendre les effets de sa natalité prépondérante, pour dominer sans conteste et sans lutte, toute l'Europe Centrale... » [153] *Juil.* L'Allemagne exporte encore en juillet de l'or et des céréales, même à destination des pays de l'Entente.	*28 juin.* Assassinat de l'Archiduc François Ferdinand.		*25 juin.* Grey déclare à l'ambassadeur d'Allemagne que les relations entre l'Angleterre, la France et la Russie sont devenues dans ces dernières années, aussi intimes « que si elles étaient alliées ». [157]

1914 (*suite*)

FRANCE	RUSSIE	BALKANS	TURQUIE	AMÉRIQUE	JAPON
	21 févr. Conférence à Pétersbourg sous la présidence de Sazonoff. Établissement du programme, approuvé par le Tsar, de l'annexion de Constantinople qu'on envisage dans un avenir rapproché. Du procès-verbal signé par Sazonoff, le chef de l'Etat-Major général et le Ministre de la Marine, il résulte : a) que le Gouvernement russe a, depuis le printemps 1914, arrêté des préparatifs militaires et techniques pour un coup de main sur Stamboul ; b) que cette action était conçue dans le cadre d'une guerre avec l'Autriche-Hongrie et non d'une guerre russo-turque ; qu'on faisait entrer en compte l'agression serbe contre l'Autriche, et que l'on envisageait la prochaine explosion de la guerre comme naturelle. [166]				
8 mai. Rapport du ministre de Belgique à Paris : « Un des éléments les plus dangereux de la situation actuelle, est le retour de la France à la loi de trois ans ; elle a été imposée à la légère par le parti militaire, et le pays ne peut pas la supporter. Avant deux ans d'ici, il faudra y renoncer ou faire la guerre. » [161]	*Mars à juin.* Négociations au sujet d'une convention navale anglo-russe. [156]				
Extrait d'un rapport du ministre de Belgique à Paris, du *24 juin :* « La France et la Russie jouent vraiment en ce moment un jeu très dangereux. Elles surenchérissent respectivement à l'extrême dans la voie des armements, et s'adonnent — surtout la Russie — à un bluff qui pourrait entraîner les conséquences les plus graves... » [165]	*12 mars.* Un article de *La Gazette de la Bourse de Pétersbourg*, inspiré par le Ministre de la Guerre, annonce que la Russie est prête à la guerre. [167]				
Juillet. Déclaration du général Pédoya, président de la Commission de l'armée à la Chambre française : «Ainsi, au 1er janvier de cette année, une nation de moins de 40 millions d'hommes (la France) avait plus de soldats sous les armes qu'une nation de 68 millions d'hommes (l'Allemagne). »	*Fin mars.* Allocution du général Tcherbatchew, directeur de l'Académie de guerre à Pétersbourg, à ses officiers : « La guerre avec les Puissances de la Triple Alliance est, en raison de la politique balkanique dirigée par l'Autriche contre les intérêts de la Russie, devenue inévitable... Très probablement, elle éclatera cet été. C'est à la Russie qu'est réservé l'honneur de prendre immédiatement l'offensive. » [168]			*9 avril.* Traité avec la France. Extension des sphères d'intérêts français en Orient.	
	Avril. Rapport du ministre de Belgique à Berlin sur une mission militaire japonaise arrivée de Pétersbourg : « Dans les mess de régiments, les officiers japonais ont entendu parler ouvertement d'une guerre imminente contre l'Autriche-Hongrie et l'Allemagne. On disait à ce sujet que l'armée russe était prête à entrer en campagne et que l'instant était aussi favorable pour les Russes, que pour leurs alliés, les Français. » [169]				
	Mai. Commencement des mesures répondant aux mesures de la première catégorie de la période de préparatifs de guerre. [170]	*Mai.* Soulèvement en Albanie.			
	13 juin. Nouvel article de la *Gazette de la Bourse de Pétersbourg*, inspiré par le Ministère de la Guerre : « La Russie est prête, la France doit l'être aussi ». [171]				
	14 juin. Visite du Tsar en Roumanie.				

DE L'ASSASSINAT DE L'ARCHIDUC FRANÇOIS-FERDINAND
A LA DÉCLARATION DE GUERRE DE L'ANGLETERRE *

28 Juin. L'Archiduc François-Ferdinand et son épouse sont assassinés à Serajevo par l'étudiant serbe Princip. Les trames de la conjuration se rattachent à des administrations publiques serbes (**).

5 Juillet. L'Empereur reçoit une lettre autographe de l'Empereur François-Joseph exposant la situation créée par la Serbie et les intentions de la politique autrichienne. [172]. Le Gouvernement allemand considère le règlement du différend avec la Serbie comme une question autrichienne dans laquelle l'Allemagne ne veut pas s'ingérer.

[173]
Conversations de l'Empereur avec quelques chefs de départements ministériels sur la situation. Aucun ordre de préparatifs de guerre. [174]

6 Juillet. Départ de l'Empereur pour son voyage dans les pays du nord.

7 Juillet. Conseil des Ministres à Vienne. Résolution d'adresser une note à la Serbie. [175]

14 Juillet. Conseil des Ministres à Ischl. Au lieu d'une note, on décide d'adresser un ultimatum à la Serbie. [176]

16 Juillet. La flotte anglaise, qui se trouvait depuis le printemps en accroissements d'effectifs, pour l'essai de mobilisation, est, depuis le 16 juillet, concentrée en état de mobilisation (in a state of mobilisation) pour des manœuvres autour de Portland (les trois home fleets = 8 escadres de vaisseaux de bataille et 11 escadres de croiseurs, en tout 460 pavillons). [177]

L'ambassade d'Angleterre à Vienne obtient, par trahison, connaissance du contenu de l'ultimatum à la Serbie, et le télégraphie à Londres. [178] De la même manière, les Gouvernements français et russe reçoivent connaissance de l'ultimatum.

19-23 Juillet. Le Président Poincaré et le Président du Conseil des Ministres Viviani, à la Cour du Tsar.

22 Juillet. Les Grandes-Duchesses Anastasie et Militza disent à l'ambassadeur de France, Paléologue, que leur père, le Roi de Monténégro, les a informées par un télégramme chiffré, « qu'avant la fin du mois (style russe, soit donc avant le 13 août, nouveau style), nous aurons la guerre... Il ne restera rien de l'Autriche... Vous reprendrez

---

(*) Indications d'heures d'après l'heure de l'Europe Centrale.

(**) D'après un article du sénateur américain Philipp Francis, dans le *Milwaukee Herald*, du 8 avril 1921, le *Neue politische Volkblatt*, d'Ofenpest, a reçu, le 15 mars 1914, un télégramme de Londres, d'après lequel le prince héritier de Serbie, à Londres où il s'était rendu après son séjour à Pétersbourg, se serait vanté, en état d'ivresse, de connaître une conjuration contre l'Archiduc François-Ferdinand. La tentative serait exécutée lors du prochain voyage en Bosnie et en Herzégovine de l'héritier du trône. — Le journal hebdomadaire anglais *John Bull*, dans son numéro du 11 juillet 1914, a publié la reproduction d'une feuille de papier à demi brûlée portant l'en-tête de la légation de Serbie à Londres. Dans ce document, on mettait un prix de 2.000 livres sterlings à la suppression complète de F.-F. (Archiduc François-Ferdinand).

58

22 Juillet. l'Alsace-Lorraine... Nos armées se rencontreront à Berlin... L'Allemagne sera
(suite). anéantie ».   [179]

23 Juillet.   6 heures du soir. Remise de l'ultimatum autrichien à Belgrade.   [180]

24 Juillet.   L'Allemagne, dans des notes aux autres grandes Puissances, se prononce pour
la localisation du différend austro-serbe.   [181]
    La Russie et la France cherchent à déterminer Sir Edward Grey à prendre une
attitude décidée. Grey s'y refuse.   [182]
    Le Ministre des Affaires Etrangères de Russie, Sazonoff, déclare que la mobili-
sation russe doit être effectuée en tout cas.   [183]
    Sazonoff dit au ministre de Serbie à Pétersbourg que la Russie ne peut admettre
aucun acte d'agression de l'Autriche contre la Serbie.   [184]
    L'ambassadeur de France informe le Gouvernement russe que la France remplira,
le cas échéant, toutes les obligations stipulées par l'alliance.   [185]
    Après-midi. Conseil des Ministres à Pétersbourg. Constatation que la Russie
est prête, et disposée à soutenir la Serbie. [186] Résolution d'obtenir une prolonga-
tion du délai imparti par l'Autriche-Hongrie à la Serbie.   [187]

25 Juillet.   Dans une délibération à Krasnoïé-Selo, sous la présidence du Tsar, la mobilisation partielle (circonscriptions militaires de Kiew, Moscou, Odessa et Kazan) est
résolue contre l'Autriche, au cas où elle prendrait l'offensive contre la Serbie.   [188]
    Sazonoff déclare à l'ambassadeur d'Angleterre, que la Russie, si elle est sûre
de l'assistance de la France, assumera tous les risques de la guerre.   [189]
    3 heures du soir. Mobilisation serbe.   [190]
    Grey écrit à l'ambassadeur d'Angleterre à Pétersbourg : Il ne croit pas que
l'opinion anglaise approuve qu'on en vienne à la guerre à cause du différend serbe.
Mais, si l'on en venait à la guerre, l'Angleterre pourrait s'y voir entraînée par d'autres considérations.   [191]
    Ordre de compléter les cadres de la flotte anglaise.   [192]
    6 heures du soir. Remise de la réponse serbe à l'ultimatum autrichien. Rupture
des relations diplomatiques de l'Autriche avec la Serbie.   [193]
    9 h. 30 du soir. Mobilisation partielle de l'Autriche-Hongrie contre la Serbie
(22 divisions d'infanterie et 2 divisions de cavalerie).   [194]
    11 h. 59 du soir. En Russie, ordre du retour des troupes des camps dans leurs
garnisons.   [195]
    L'ambassadeur de France à Londres, Paul Cambon, à Paris, jusqu'au 27 juillet.
                                                                                        [196]
    En raison des nouvelles qui lui sont parvenues, l'Empereur d'Allemagne com-
mence le retour de son voyage dans les pays du nord.

26 Juillet.   1 heure du matin. Déclaration de l'état de guerre pour les forteresses russes.
                                                                                        [197]
    3 h. 26 du matin. Entrée en vigueur officielle de la période de préparatifs de
guerre pour toute la Russie d'Europe, donc aussi contre l'Allemagne.   [198]
    Soukhomlinow donne, à l'attaché militaire d'Allemagne à Pétersbourg, sa parole
d'honneur qu'aucun ordre de mobilisation n'a été lancé, aucun cheval réquisitionné,
aucun réserviste convoqué.   [199]

26 Juillet.
(suite).

Avertissement du Gouvernement allemand au Gouvernement russe : Des mesures de mobilisation russes contre l'Allemagne auraient pour conséquence la mobilisation allemande. [200]

L'Angleterre ne répond pas à la demande allemande d'exercer une influence
modératrice à Pétersbourg ; elle fait la proposition d'une Conférence d'ambassadeurs
(Angleterre, France, Italie, Allemagne). [201]

4 heures soir. Ordre à la flotte anglaise, concentrée à Portland, d'arrêter la
démobilisation projetée. [202]

Rappel de la flotte allemande des eaux du nord. [203]

France : Mesures de précaution (suppression des permissions, rappel des per-
missionnaires). [204]

26 ou 27 Juillet.

Déclaration de Cambon, ambassadeur de France à Berlin, à l'ancien chargé
d'affaires de Serbie, Boghitchevitch : « Si l'Allemagne veut en venir à une guerre,
elle aura aussi l'Angleterre contre elle. La flotte anglaise forcera Hambourg. Nous
battrons les Allemands à plates coutures. » — De cet entretien, Boghitchevitch
retire la « certitude » que la guerre, si cela n'a pas eu lieu plus tôt, a certainement
été décidée au cours de l'entrevue de Poincaré avec l'Empereur de Russie, à
Pétersbourg. [205]

27 Juillet.

Communication du Gouvernement anglais que la flotte reste mobilisée. [206]

La période de préparatifs de guerre russes continue. [207]

France : Ordre de retour de tous les corps de troupes dans leurs garnisons. [208]

Rejet par l'Allemagne de la proposition de Grey d'une Conférence d'ambassadeurs, vu que sa composition fait prévoir avec certitude une décision défavorable à
l'Autriche. [209]

Arrivée de l'Empereur Guillaume à Potsdam. L'Empereur se prononce personnellement sans retard pour le maintien de la paix. (Télégrammes au Tsar et au Roi
d'Angleterre. Intervention auprès du Gouvernement austro-hongrois dans le sens
d'une entente.)

28 Juillet.

11 heures du matin. Déclaration de guerre de l'Autriche-Hongrie à la Serbie. [210]

Télégramme de l'Empereur au Tsar, le priant instamment d'appuyer ses efforts
en vue du maintien de la paix. [211]

L'Allemagne recommande au Gouvernement austro-hongrois de ne plus observer
la même réserve que jusqu'ici, à l'égard des propositions de médiation. [212]

Télégramme de Sazonoff à l'ambassadeur de Russie à Berlin : « Par suite de
la déclaration de guerre de l'Autriche à la Serbie, le Gouvernement impérial ordon-
nera demain (29), la mobilisation dans les circonscriptions militaires d'Odessa, Kiew,
Moscou et Kazan. Prière d'en informer le Gouvernement allemand et d'affirmer que
la Russie n'a aucunes intentions agressives contre l'Allemagne. » [213]

Les ambassadeurs d'Angleterre et de France cherchent à influencer la politique
du Gouvernement russe pour qu'on puisse imputer à l'Allemagne la responsabilité de
la guerre. C'est le seul moyen de rendre l'opinion publique anglaise favorable à la
guerre. [214]

Le chef du deuxième bureau de l'Etat-Major général français annonce que les
préparatifs allemands sont loin d'être aussi avancés que les préparatifs français. [215]

  7 heures du matin. Sortie de la 1re flotte anglaise à destination de Scapa Flow. Navigation le long de la côte est (et non, comme il était prévu, le long de la côte ouest), « vu la perspective d'une rencontre avec la flotte allemande concentrée dans les eaux norvégiennes. »   [216]

En Angleterre, un « télégramme d'avertissement » (Warning telegram) est adressé à l'armée et à la flotte.   [217]

Matin. Télégramme du chef de l'Etat-Major général russe, au commandant de la circonscription militaire de Varsovie : « Le 17/30 juillet est fixé comme le premier jour de notre mobilisation générale. »   [218]

Déclaration de Grey à Lichnowsky : Tant que le conflit se limitera à l'Autriche et à la Russie, le Gouvernement britannique pourra rester à l'écart. Mais, si l'Allemagne et la France y sont entraînées, la situation deviendra immédiatement différente et le Gouvernement britannique ne pourra rester longtemps à l'écart. Grey a donné, d'avance, à l'ambassadeur de France connaissance de cet entretien. En conséquence, il n'existait, pour la France, aucun doute sur le concours armé de l'Angleterre. [219]

6 heures 30 du soir. Télégramme de l'Empereur au Tsar [220] ayant pour résultat que ce dernier, vers 11 heures du soir, ordonne téléphoniquement à Soukhomlinow d'arrêter la mobilisation partielle contre l'Autriche. L'ordre reste sans exécution. (*)   [221]

Proposition de neutralité de l'Allemagne à l'Angleterre, au cas d'une guerre franco-allemande, contre l'assurance que l'Allemagne ne se propose pas d'extensions territoriales aux dépens de la France.   [222]

Sazonoff remercie le Gouvernement français de sa promesse d'assistance armée sans réserves. [223] Viviani renouvelle l'assurance de l'appui à la Russie par la France.   [224]

En Allemagne, sur l'information, donnée par l'Autriche, de la mobilisation russe dans les circonscriptions militaires d'Odessa, de Kiew, de Varsovie, toutes les troupes sont rappelées dans leurs garnisons.   [225]

Le chef de l'Etat-Major général Janouchkevitch — l'ordre de mobilisation signé par le Tsar dans sa poche — donne, sous une forme solennelle, à l'attaché militaire d'Allemagne, sa parole d'honneur que la mobilisation n'est intervenue nulle part. [226]

Publication officielle de la mobilisation partielle russe contre l'Autriche-Hongrie (55 divisions d'infanterie, 8 divisions 1/2 de cavalerie) [227]. En secret, commencement de la mobilisation générale russe (**) (111 divisions).   [228]

  Le Gouvernement allemand recommande encore instamment au Gouvernement autrichien d'adhérer à la proposition de médiation anglaise : « Le refus de tout échange de vues avec Pétersbourg serait une lourde faute. Nous sommes, il est vrai,

---

(*) Soukhomlinow, dans le procès intenté contre lui pour haute trahison, a déclaré : L'ordre d'arrêter la mobilisation, donné par le Tsar, était de nature à jeter le désordre dans toute l'organisation de la mobilisation. C'est pourquoi — d'accord avec Janouchkevitch — il n'avait pas exécuté l'ordre du Tsar, et laissé la mobilisation suivre son cours. La fausse nouvelle (immédiatement reconnue comme telle) du *Berliner Lokalanzeiger*, d'un ordre allemand de mobilisation partielle du 30 juillet, aurait été alors prise comme prétexte de la proclamation de la mobilisation générale russe.   [219]

(**) D'après des dépositions au procès de Soukhomlinow, la mobilisation générale était déjà en cours le 29, en Russie, et est restée en cours, en dépit du contre-ordre du Tsar.

30 juillet prêts à remplir nos obligations d'alliance, mais nous devons nous refuser à nous
(suite). laisser entraîner par Vienne à la légère, et sans que nos conseils soient écoutés,
dans une conflagration universelle. »   [230]

1 h. 20 du soir. Télégramme du Tsar à l'Empereur : le Tsar remercie l'Empereur de sa tentative de médiation ; il convient que les mesures militaires qui sont maintenant entrées en vigueur, ont été prises depuis cinq jours, comme mesure de défense contre l'Autriche, et annonce l'envoi de son général à la suite Tatitcheff avec des instructions. [231] Ni Tatitcheff, ni un document quelconque ne sont jamais arrivés.
                                                                            [232]

3 h. 30 du soir. Télégramme de l'Empereur au Tsar : Rappel du grave danger que présente la mobilisation russe. « Si... la Russie mobilise contre l'Allemagne, mon rôle de médiateur, que Tu as bien voulu me confier, et que j'ai assumé à Ta demande expresse, sera compromis, sinon rendu impossible. Tout le poids de la décision pèse exclusivement sur Toi ; Tu as à supporter la responsabilité de la paix ou de la guerre ».
                                                                            [233]

L'ambassadeur d'Allemagne à Pétersbourg expose, conformément aux instructions du Gouvernement allemand, les démarches entreprises par l'Allemagne à Vienne pour le maintien de la paix, et signale que les mesures russes doivent amener la guerre. Sazonoff répond : qu'il ne peut suivre une autre politique sans mettre en danger la vie du Tsar. Il réclame la solution de la question serbe par les grandes Puissances et la modification des conditions posées dans l'ultimatum autrichien. [234] L'Angleterre adhère en principe à la manière de voir russe.

France : Ordre de départ en couverture, d'après lequel 11 divisions d'infanterie et 3 divisions de cavalerie sont immédiatement mobilisées.   [235]

En Russie, à 6 heures du soir, extension officielle de la mobilisation à tout l'Empire. [236] (Par suite, toutes les tentatives d'entente pacifique sont anéanties, et la médiation de l'Empereur d'Allemagne, invoquée par le Tsar, est condamnée à l'insuccès.)

31 Juillet.   Entre 8 heures et 9 heures du matin, l'ordre de mobilisation générale est affiché à Pétersbourg.

Le Conseil des Ministres italien décide que, dans la guerre imminente, le *casus fœderis* ne se pose aux termes du traité de la Triple Alliance. L'Italie restera neutre.   [237] (*)

2 h. 4 du soir : Nouveau télégramme de l'Empereur au Tsar : Rappel de la vieille amitié traditionnelle russo-allemande, avertissement insistant sur les graves conséquences de la politique belliqueuse russe. [239] Le télégramme se croise avec un télégramme du Tsar à l'Empereur. L'arrêt des préparatifs militaires est impossible pour des raisons techniques. Mais il donne sa parole d'honneur que ses troupes, tant que les négociations seront en cours, ne commettront aucun acte de provocation. [240]

Le comte Pourtalès essaie en vain d'amener le Tsar à rapporter l'ordre de mobilisation. Le Ministre de la Maison Impériale russe, le comte Fredericks, dit à Pour-

---

(*) M. Tyrell, secrétaire particulier de Sir Edward Grey, avait déjà dit, le 29 juillet, au prince Lichnowsky, qu'il savait que l'Italie ne participerait pas (aux côtés de la Triple Alliance) à une guerre éclatant au sujet de la Serbie.   [238]

 talès que Soukhomlinow et Maklakow ont exécuté l'ordre de mobilisation parce que
la situation intérieure de la Russie imposait une décision.   [24ı]

Autriche-Hongrie 12 h. 23 du soir : Mobilisation générale.   [242]

Allemagne 1 heure du soir : Proclamation de l'état de menace de guerre.

3 h. 3o du soir : Télégramme du Chancelier de l'Empire à l'ambassadeur à
Pétersbourg : l'Allemagne a été forcée par la mobilisation russe, pour assurer la
sécurité de l'Empire, à proclamer l' « état de menace de guerre ». La mobilisation
devait suivre, si la Russie, dans le délai de douze heures, n'arrêtait pas les mesures
de guerre contre l'Allemagne et l'Autriche. Ce télégramme a été communiqué à
minuit à Sazonoff.   [243]

Le Gouvernement allemand pose, à 7 heures du soir, à Paris, la question de
savoir si la France restera neutre au cours d'une guerre russo-allemande. [244] Le
Ministre des Affaires Etrangères de France, dans son entretien avec l'ambassadeur
d'Allemagne, déclare « n'être informé en aucune manière d'une prétendue mobilisation générale de l'armée russe » [245], bien qu'il eût reçu, le matin, un télégramme
de Paléologue annonçant la mobilisation générale russe.   [246]

Assassinat à Paris de Jaurès, leader socialiste hostile à la guerre.

 Grey informe Cambon qu'il ne tolérera pas une violation de la neutralité belge
et qu'il empêchera toute démonstration de la flotte allemande sur les côtes de la
France.   .   [247]

A la question de l'ambassadeur d'Allemagne demandant si, au cas où l'Allema·
gne promettrait de ne pas violer la neutralité de la Belgique, l'Angleterre s'engagerait à rester neutre, Grey fait une réponse évasive. La question de savoir quelles
garanties elle exigerait pour sa neutralité, ainsi que l'offre de respecter l'intégrité de
la France et de ses colonies, se heurtent au même refus, motivé par la nécessité, pour
l'Angleterre, « de conserver sa liberté d'action ».   [248]

1 heure du soir : Réponse du Gouvernement français à la question allemande de
la veille au soir : « La France fera ce que ses intérêts lui commanderont ». [249]

4 h. 23 du soir : Réception au Ministère des Affaires Etrangères d'un télégramme
de Lichnowsky : Grey aurait demandé si l'Allemagne ne s'engagerait pas à ne pas
attaquer la France au cours d'une guerre russo-allemande, si elle restait neutre. [250]

L'Allemagne s'y déclare immédiatement disposée à la condition que l'Angleterre assumât la garantie de la neutralité française. [251] Pour ce motif, l'Empereur
a donné l'ordre de ne pas procéder à l'occupation du Luxembourg, prévue pour le premier jour de la mobilisation (2 août). [252] Mais, le soir même, du côté anglais, le
Roi et le Gouvernement ont déclaré que toute la question était un malentendu. [253]
Les mesures arrêtées conformément au plan, par l'ordre de mobilisation, ont suivi,
en conséquence, leur cours.

4 h. 4o du soir : Mobilisation générale en France.   [254]

5 heures du soir : Mobilisation de l'armée allemande.   [255]

Comme la Russie laisse l'ultimatum allemand sans réponse, la déclaration de
guerre à la Russie intervient à 6 heures du soir.   [256]

10 h. 3o du soir : L'Empereur adresse au Tsar un télégramme renfermant,
comme dernière tentative, une invitation pressante à interdire « la violation de nos
frontières », afin d'éviter une rencontre hostile.   [257]

2 Août.   2 h. 25 du matin : Ordre officiel de mobilisation de la flotte anglaise [258] (17 h. 1/2 avant la remise de l'ultimatum allemand à Bruxelles).

L'Angleterre assume formellement la protection des côtes françaises et de la navigation française contre la flotte allemande. [259]

8 heures du soir : Comme il n'existait aucun doute sur des arrangements franco-belges pour le cas de mobilisation, l'Allemagne adresse un ultimatum à la Belgique, la sommant de livrer passage aux troupes allemandes. [260]

Nombreuses violations de frontière par les Français. [261]

3 Août.   Résolution de neutralité du Gouvernement roumain. Le Roi Carol était chaleureusement intervenu au Conseil de la Couronne en faveur de l'exécution du traité d'alliance avec l'Allemagne et l'Autriche-Hongrie. [262]

Déclaration de l'Allemagne qu'elle ne menacera pas la côte du nord de la France tant que l'Angleterre restera neutre. [263]

Midi : Mobilisation de l'armée de terre anglaise (corps expéditionnaire). [264]

6 heures du soir : Déclaration de guerre de l'Allemagne à la France. [265]

L'aide de camp de Kleist, envoyé par l'Empereur au Roi d'Italie, pour lui rappeler l'accomplissement des obligations qui résultent pour l'Italie du traité d'alliance, annonce la réponse du Roi : Il est personnellement de tout cœur avec l'Allemagne, mais une action commune avec l'Autriche déchaînerait dans le pays une tempête d'indignation. Le Gouvernement ne pouvait pas risquer un soulèvement. [266]

La nuit : Entrée des troupes allemandes en Belgique.

4 Août.   Session de guerre du Reichstag allemand. Discours du trône de l'Empereur : « Je ne connais plus de partis ; je ne connais que des Allemands ».

Ultimatum de l'Angleterre à l'Allemagne expirant à minuit : Retrait des exigences adressées par l'Allemagne à la Belgique, et observation de la neutralité belge. Le rejet de ces exigences signifie la déclaration de guerre de l'Angleterre. [267]

TABLE DES SOURCES

ABRÉVIATIONS

Belg. Atkenst. = *Belgische Aktenstücke, 1905-14.* Rapports des représentants belges
à Berlin, Londres et Paris au Ministre des Affaires Étrangères à Bruxelles. Publiés
par le Ministère des Affaires Étrangères, Berlin, 1915.

Boghitchevitch. = M. Boghitchevitch. *Kriegsursachen.* Zürich, 1919.

Corbett = Julian S. Corbett, *History of the Great War, based on Official Documents.*
By Direction of the Historical Section of the Committee of Impérial Defence. Tome I,
Londres, 1920.

Documents allemands = *Documents allemands relatifs à l'origine de la guerre,* publiés
par Kautsky, le comte Montgelas et Schücking. 4 vol. Traduction française par Camille
Jordan, Paris, 1922.

Gooss = R. Gooss, *Das Wiener Kabinett und die Entstehung des Weltkrieges.*
Vienne, 1919.

Pribram = *Die politischen Geheimverträge Oesterreich-Ungarns 1879-1914,* publiés et
commentés par A.-F. Pribram. Tome I, Vienne-Leipzig, 1920.

Schwertfeger = *Zur europäischen Politik,* 1897-1914. Documents inédits. Publiés conformément à des instructions officielles, sous la direction de Bernhard Schwertfeger.
5 vol. Berlin, 1919,

Siebert = *Diplomatische Aktenstücke zur Geschichte der Ententepolitik der Vorkriegs-
jahre.* Publiés par B. de Siebert, ancien secrétaire de l'ambassade de Russie à Londres.
Berlin-Leipzig, 1921.

Livre Blanc = *Deutschland schuldig?* Livre Blanc allemand sur la responsabilité des
auteurs de la guerre, Berlin, 1919.

Commission d'enquête = *Zur Vorgeschichte des Weltkrieges, Heft 2 : Militärische
Rüstungen und Mobilmachungen. Beilage zu den Stenogr. Berichten über die
öffentlichen Verhandlungen des Untersuchungsausschusses (I, Unterausschuss.),*
Berlin, 1921.

---

1. Schwertfeger, V, p. 36.
2. Pribram. p. 6,
3. Schwertfeger, V, p. 8 et suiv.
4. Pribram, p. 11.
5. Pribram, p. 18.
6. Pribram, p. 24.
7. Pribram, p. 29.
8. Pribram, p. 35.

9. Note de Granville à Waddington. Cf. John B. Moore, *A Digest of International Law*, VII, Washington, 1906, p. 682.

10. Lettre de l'ambassadeur d'Amérique à Berlin, Kasson, du 23 avril 1885, au Secrétaire d'Etat américain, Bayard. Cf. Moore, *op. cit.* p. 683.

11. Pribram, p. 42.

12. Pribram, p. 305.

13. Cf. l'article du professeur Félix Rachfahl, *Der Rückversicherungsvertrag, der Balkandreibund und das angebliche Bündnisangebot Bismarcks an England vom Jahre 1887*, (*Weltwirtschaftliches Archiv*), juin 1920.

14. Pribram, p. 36.

15. Pribram, p. 37 et suiv.

16. Charles Dilke dans la *Fortnightly Review* de juin 1887. Sir Charles avait été, précédemment, dans le gouvernement libéral, sous Gladstone, Sous-Secrétaire d'Etat au Ministère des Affaires Étrangères. Sa déclaration est ainsi conçue : « Sans aucun doute, les traités expirent avec le temps. Le traité de 1839, au sujet de la Belgique, est assurément bien plus ancien que le traité de 1855 relatif à la Suède. La France et l'Angleterre considéreraient aujourd'hui comme une folie de préserver l'intégrité de la Suède contre la Russie, et manifestement l'Angleterre en pense maintenant de même en ce qui concerne la Belgique. »

17. Pribram, p. 51 et suiv.

18. Pribram, p. 30 et suiv.

19. Schwertfeger, V, p. 46 et suiv.

20. Schwertfeger, V, p. 53.

21. Cf. J. d'Eckardt, *Bismarcks Kampf gegen Caprivi*, Leipzig, 1920, p. 44 et suiv.; le ministre à la disposition Raschdau, *Der deutsch-russische Ruckversicherungsvertrag. Grenzboten*, 1921, Heft 4-5.

22. *Les Mémoires* de Francesco Crispi, traduction allemande par W. Wichmann, Berlin, 1912, p. 454 et suiv. Cf. aussi S. W. Blunt, *My Diaries*, 2ᵉ partie.

23. Schwertfeger, V, p. 88.

24. Pribram, p, 64.

25. Schwertfeger, V, p. 286.

26. Schwertfeger, V, p. 302-303.

27. Pribram, p. 69.

28. *L'Alliance Franco-Russe. Troisième Livre jaune français*, 1918, N° 71.

29. *Ibidem*.

30. Schwertfeger, V, p. 315.

31. *L'Alliance Franco-Russe*, Nᵒˢ 91, 92.

32. Cf. à ce sujet l'article de R. Fester, *Das angebliche Bündnisangebot Englands von 1895, Grenzboten*, 1921, p. 171 et suiv.

33. Cité p. ex. dans H. F. Helmolt, *Ein Vierteljahrhundert Weltgeschichte 1894-1919* Charlottenburg, 1919, p. 20.

34. Pribram, p. 73 et suiv.

35. Pribram, p. 229 et suiv.

36. Cf. *Deutsche Revue*, septembre, 1908, p. 260.

37. Pribram, p. 78.

38. Roland G. Usher, *Pangermanisme*, Londres 1913, chapitre 10 p. 139 et suiv ; *The Problem of Japan*, Amsterdam, 1918, p. 119 et suiv., spécialement p. 134 ; W. S. Blunt, *My Diaries*, 2e partie. Un « Gentleman's agreement » analogue, qui aurait été arrêté entre Wilson et l'Angleterre, en vue de la guerre mondiale à venir, à été mentionné, dans une conférence faite en novembre 1921 par le ministre à la disposition de Kemnitz. Par cet accord, l'Amérique aurait assuré à l'Angleterre sa neutralité bienveillante et d'amples fournitures d'armes et de munitions (*Tagl. Rundschau* N° 533/21.)

39. Cf. l'article de F. Salomon, *Die englisch-deutschen Bündnisverhandlungen von 1898-1901 im weltpolitischen Zusammenhang Grenzboten*, 1920, p. 200 et suiv.

40. En l'année 1902 à l'occasion des calomnies anglaises (Cf. tableau 1902) le gouvernement allemand a publié les documents qui y sont relatifs. Cf. *Staatsarchiv*. Vol. 66 ainsi que Schulthess, *Europ. Geschichtskalender*, 1902, p. 38.

41. H. Friedjung, *Das Zeitalter des Imperialismus*, Berlin, 1919, p. 277.

42. Cf. l'article de F. Salomon mentionné à la note 39.

43. Cf. p. ex. O. Hammann, *Der missverstandene Bismarck*, Berlin, 1921, p. 73, ainsi que R. Kjellén, *Die Koalitionspolitik im Zeitalter 1871-1914*, dans le *Schmollers Jahrbuch*, 1921, p. 124.

44. Pribram, p. 214, note 175.

45. Pribram, p. 84.

46. John B. Moore, *A Digest of International Law*, VII, Washington, 1906, p. 685.

47. Schwertfeger, I, p. 68.

48. Cf. des précisions à ce sujet dans J. Hashagen, *Umrisse der Weltpolitik*, Tome I, Leipzig, 1918, p. 111, ainsi que O. Hammann, *Zur Vorgeschichte des Weltkrieges*, Berlin, 1918, p. 126 et suiv.

49. Cf. l'article de F. Salomon, mentionné à la note 39.

50. Hammann, *Der missverstandene Bismarck*, p. 74 ; Kjellén, *op. cit.*, p. 126.

51. K. Helfferich, *Die deustche Türkenpolitik*, Berlin, 1921, p. 16.

52. Cf. Schulthess, *Europ. Geschichtskalender* 1901, p. 221.

53. Cf. note 40 et Schwertfeger, I, p. 98-99.

54. Schwertfeger, I, p. 100.

55. Pribram, p. 85.

56. Pribram, p. 92.

57. Cf. l'échange de lettres entre Delcassé, Barrère et Prinetti dans le *Livre Jaune français* de décembre 1919, ainsi que Oscar Müller, *Der italienische Ruckversicherungsvertrag* dans : *Deutsche Politik* du 16 janvier 1920.

58. Archives d'Etat, Vol, 69, N° 13.066.

59. Documents tirés des archives secrètes russes. Berlin, *Livre Blanc* du Ministère des Affaires Étrangères, p. 12.

60. *Briefe Wilhelms II an den Zaren*, 1894-1914, publiées par Walter Goetz., Berlin 1920, lettres N°s 39 et 40.

61. Cf. Kjellén, *Die Koalitionspolitik im Zeitalter 1871-1914*, dans le *Schmollers Jahrbuch*, 1921, p. 143 ; v. aussi Documents tirés des archives secrètes russes, p. 345, N° 25.

62. Pribram, p. 98.

63. John B. Moore, *A. Digest of International Law.* VII, Washington, 1906, p. 17.

64. Schwertfeger, II, p. 70-71.

65. Comte Max Montgelas, *Zur Schuldfrage*, Berlin, 1921, p. 13.

66. Nauticus, *Jahrbuch für Deutschlands Seeinteressen.* Berlin, année 1914, p. 534-535.

67. Le texte de l'accord est reproduit dans les documents tirés des archives secrètes russes, p. 20.

68. Cf. p. ex. H. Friedjung, *Das Zeitalter des Imperialismus*, Berlin, 1919, p. 459-460.

69. *Briefe Wilhelms II an den Zaren*, N° 47.

70. *Belg. Aktenst.*, N° 17.

71. Cf. le rapport du général Ducarne au ministre de la Guerre belge, du 10 avril 1906, qui était conservé au Ministère de la Guerre belge dans une chemise portant de la propre main de Ducarne, la suscription « Conventions Anglo-Belges ». Il se trouve imprimé et reproduit en fac simile dans les documents relatifs à l'origine de la guerre publiés par le Ministère des Affaires Étrangères, Berlin, p. 61 et suiv.

72. Lord Loreburn, *How the war came*, Londres, 1919, chapitre 4.

73. *Belg. Aktenst.*, N° 15.

74. Rapport du 6 mars 1906. Schwertfeger, II, p. 105-106 ; *Belg. Aktenst.*, N° 16.

75. Schwertfeger, II, p. 110.

76. Schwertfeger, II, p. 116-117.

77. Comte Max Montgelas, *Zur Schuldfrage*, Berlin, 1921, p. 13.

78. Documents tirés des archives secrètes russes, p. 26.

79. K. Helfferich, *Die Deutsche Türkenpolitik.*, Berlin, 1921, p. 19.

80. Pribram, p. 259.

81. *Belg. Aktenst.*, N° 29.

82. *Belg. Aktenst.*, N° 30.

83. Documents tirés des archives secrètes russes, p. 21 et suiv.

84. Cf. l'exposé de Kjellén, *Die Koalitionspolitik im Zeitalter 1871-1914*, dans le *Schmollers Jahrbuch*, 1921, p. 160 et suiv.

85. Schwertfeger, III, p. 99.

86. *Belg. Aktenst.*, N° 39.

87. Lord Fisher, *Memories*, Londres, 1919, p. 4.

88. Siebert, p. 777 779.

89. Siebert, p. 512, 675.

90. Cf. les notes de l'ancien correspondant du *Times* à Vienne, M. Steed, publiées dans le *Times* en décembre 1920.

91. Boghitchevitch, p. 162.

92. Boghitchevitch, p. 140.

93. Cf. également à ce sujet Siebert, p. 726.

94. Article de Pokrowski dans la *Prawda* du 23 février 1919. Reproduit au *Livre Blanc*, p. 188 et suiv.

95. *Belg. Aktenst.*, N° 54.

96. Siebert, p. 450.

97. Rapport de Kosutitch, *Livre Blanc*, p. 112.

98. Rapport de Kosutitch, *Livre Blanc*, p. 113-114.

99. Siebert. p. 114.

100. *Livre Blanc*, p. 103 et suiv.

101. Boghitchevitch, p. 117.

102. Cf. Schulthess, *Europ. Geschichtskalender* 1911, p. 422.

103. Siebert, p. 417-419.

104. Siebert. p. 448. Les dispositions du Cabinet anglais à la guerre sont aussi prouvées par les déclarations du capitaine Faber dans le *Daily Telegraph*, novembre 1911.

105. *Belg. Aktenst.* N° 67.

106. *Belg. Aktenst.* N° 73.

107. *Belg. Aktenst.* N° 85.

108. Cf. *Europäische Staats und Wirtschaftszeitung*, 1919, N°ˢ 28-29.

109. Lord Fisher, *Memories*, Londres, 1919, p. 190.

110. Cf. Bethmann Hollweg, *Betrachtungen zum Weltkriege*, 1ʳᵉ partie, Berlin, 1919, p. 48 et suiv., spécialement p. 56, ainsi que A. de Tirpitz, *Erinnerungen*, Leipzig, 1920, p. 185 et suiv.

111. Siebert, p. 468 469.

112. Siebert. p. 738.

113. *Aktenstücke zum Kriegsausbruch*, publiés par le Ministère des Affaires Etrangères, Berlin, p. 67 72.

114. *Belg. Aktenst.* N° 92.

115. Rapport des historiens E. Bourgeois et G. Pagès sur la question de culpabilité, soumis au Sénat français en octobre 1919, cité par F. Thimme, *Preuss Jahrb.*, avril 1921, p. 64.

116. R. Hoeniger, *Russlands Vorbereitung zum Weltkrieg*, Berlin, 1919, p. 5.

117. Cf. Kjellén, *Die Koalitionspolitik im Zeitalter 1871-1914*, dans le *Schmollers Jahrbuch* 1914. p. 169. Voir aussi au sujet du maintien du secret, *Livre Blanc*, p. 96.

118. Boghitchevitch, p. 36.

119. Cf. *Livre Blanc*, p. 96.

120. *Livre Blanc*, p. 140.

121. *Livre Blanc*, p. 141, 145.

122. Prouvé par le rapport de l'*Humanité* sur la conversation de Clémenceau avec Poincaré au printemps 1913 et par l'article de de Godart dans le *Courrier Européen* du 23 juillet 1914, tous deux cités dans Morel *Truth and the war*, p. 189.

123. *Livre Blanc*, p. 140.

124. Siebert, p 473.

125. Pribram, p. 268 et suiv.

126. Article de Pokrowski dans la *Prawda* du 23 février 1919, reproduit dans le *Livre Blanc*, p. 188 et suiv.

127. Siebert, p. 588.

128. *Livre Bleu anglais* 1914, N° 105.

129. *Livre Blanc*, p. 193.

130. *Livre Blanc*, p. 141.

131. *Livre Blanc*, p. 149-150.

132. Mobilisation de la Russie pour la guerre mondiale. Nouveaux documents pour l'histoire de la guerre mondiale, Berlin 1919, annexe 5.

133. *Livre Blanc*, p. 125.

134. Boghitchevitch, p. 128.

135. Pribram, p. 107.

136. Schwertfeger IV, p. 130.

137. Documents tirés des archives secrètes russes, p. 38.

138. *Belg. Aktenst.*, Nos 97-99.

139. *Livre Blanc*, p. 153.

140. Mobilisation de la Russie pour la guerre mondiale, Berlin, 1919, annexe 2.

141. *Livre Blanc*, p. 127.

142. *Livre Blanc*, p. 128-129.

143. *Livre Blanc*, p. 99.

144. Pribram, p. 108.

145. Rapport secret de Sazonoff au Tsar Nicolas II, du 24 octobre 1913, publié par M. Vassilieff dans la *Istvestija*, du 15 août 1919.

146. Notes du baron H. de Rosen, ancien membre du Conseil de l'Empire russe. Cf. Kriegs-chronik (Verlag von Berg), juillet 1918, p. 35.

147. *Livre Blanc*, p. 130.

148. Boghitchevitch, p. 65.

149. Commission d'enquête, p. 95.

150. *Ibidem*, p. 152, ainsi que H. de Kuhl, *Der deutsche Generalstab in Vorbereitung und Durchführung des Weltkrieges*, Berlin, 1920, p. 105.

151. Comte Max Montgelas, *Zur Schuldfrage*, Berlin 1921, p. 14.

152. Commission d'enquête, p. 42.

153. *Belg. Aktenst*, No 118 ; Schwertfeger, IV, p. 204.

154. Cf. aussi à ce sujet Dr Forkel, *Geschichtliche Beweisstücke für Englands Schuld am Krieg*, Hambourg, H. O. Persihl, 1921, p. 19.

155. *Nowoje Zweno* du 28 mars 1914.

156. Siebert, p. 806 et suiv.

157. Télégramme de l'ambassadeur de Russie à Londres, du 25 juin 1914, au Ministre des Affaires Etrangères de Russie ; Siebert, p. 623.

158. Déposition de l'ancien ambassadeur d'Allemagne de Schoen, cf. *Berliner Loka-lanzeiger*, No 646 du 21 décembre 1918.

159. *Belg. Aktenst.*, No 110 ; Schwertfeger IV, p. 174.

160. Sabini, *Le fond d'une querelle*. Extrait publié dans le *Resto del Carlino*, 4 octobre 1921 (Cf. *Kölnische Zeitung*, 1921, No 694.)

161. *Belg. Aktenst.*, No 115.

162. R. Hoeniger, *Russlands Vorbereitung zum Weltkrieg*, Berlin, 1919, p. 43.

163. Boghitchevitch, p. 170 et suiv.

164. Rapport d'avril 1914 du capitaine de vaisseau de Knorr, reproduit dans le *Deutschen Offiziersblatt*, No 36-20 du 11 novembre 1920.

165. Schwertfeger, IV, p. 205.

166. *Livre Blanc*, p. 169 et suiv.

167. Reproduit au *Livre Blanc*, p. 182.

168. Cf. *Hamburger Correspondent*, du 20 février 1921.

169. Schwertfeger, IV, p. 189.

170. Commission d'enquête, p. 104-105.

171. *Livre Blanc*, p. 186 et suiv.

172. *Documents allemands*, N° 13.

173. Cf. le télégramme du Chancelier de l'Empire à l'ambassadeur d'Allemagne à Vienne du 6 juillet 1914. *Documents allemands*, N° 15.

174. Au sujet de la légende de propagande du soi-disant « Conseil de la couronne de Potsdam » qui aurait eu lieu en ce jour et où la guerre mondiale aurait été résolue, cf. les constatations du *Livre Blanc*, p. 57-59, ainsi que les *Documents allemands*, I, Observations préliminaires, p. XVI-XIX (de la traduction française).

175. Gooss, p. 50 et suiv.

176. Gooss, p. 70, 85 et suiv.

177. Corbett, p. 22.

178. *Livre Bleu anglais*, N° 161.

179. M. Paléologue, *La Russie des Tsars pendant la grande guerre. Revue des Deux-Mondes*, 1921, p. 242.

180. Gooss, p. 102 et suiv.

181. Télégrammes du Chancelier de l'Empire aux ambassadeurs allemands à Pétersbourg, Paris et Londres, *Documents allemands*, N° 100.

182. *Livre Bleu*, N° 6.

183. *Ibidem*.

184. *Nowoje Wremja* du 10-23 décembre 1914, *Norddeutsche Allgemeine Zeitung* du 5 janvier 1915.

185. *Livre Bleu*, N° 6.

186. Lettre de l'aide de camp d'un grand-duc du 25 juillet 1914, dans : *Aktenstücke zum Kriegsausbruch*, 1915, p. 57, et télégramme de l'ambassadeur d'Allemagne à Pétersbourg du 25 juillet 1914 au Chancelier de l'Empire, *Documents allemands*, N° 205.

187. *Documents allemands*, N° 291.

188. *Livre Jaune français*, N° 50.

189. *Livre Bleu*, N° 17.

190. Gooss, p. 167.

191. *Livre Bleu*, N° 24.

192. Corbett, p. 23.

193. Gooss, p. 165 et suiv. Texte de la note dans le *Livre Rouge*, N° 25.

194. Commission d'enquête, p. 19 et suiv., 154.

195. Commission d'enquête, p. 10.

196. E. Sauerbeck, *Der Kriegsausbruch*, Stuttgart-Berlin, 1919, p. 486-487.

197. Commission d'enquête, p. 24.

198. *Ibidem*, p. 10, 155.

199. Télégramme de l'ambassadeur d'Allemagne à Pétersbourg du 27 juillet 1914 au Ministère des Affaires Etrangères, *Documents allemands*, N° 242.

200. *Documents allemands,* N° 219.

201. *Documents allemands,* N° 199 ; cf. aussi B. W. de Bülow, *Die Grundlinien der diplomatischen Verhandlungen bei Kriegsausbruch,* Charlottenburg, 1920, p. 102 et *Livre Bleu,* N° 36.

202. Corbett, p. 24.

203. *Livre Blanc,* p. 71.

204. Commission d'enquête, p. 10.

205. Boghitchevitch, p. 96.

206. *Livre Jaune,* N° 66, *Livre Bleu,* Nᵒˢ 47, 48. Cf. aussi Commission d'enquête, p. 17.

207. *Documents allemands,* Nᵒˢ 194, 216, 230, 242, 264, 274, 275, 276, 281, 291, 294, 295, 296.

208. Commission d'enquête, p. 12.

209. *Documents allemands,* Nᵒˢ 279, 314. Cette proposition est la seule des nombreuses propositions anglaises que l'Allemagne n'a pas acceptée; cf. B. W. de Bülow, *Die Grundlinien der diplomatischen Verhandlungen bei Kriegsausbruch,* Charlottenburg, 1920, p. 102.

210. Gooss, p. 216 et suiv.

211. *Documents allemands,* N° 335.

212. *Documents allemands,* N° 323.

213. *Livre Bleu,* N° 70.

214. Paléologue, *Revue des Deux-Mondes,* p. 255.

215. Commission d'enquête, p. 12.

216. Corbett, p. 26.

217. *Ibidem.*

218. Hoeniger, *Russlands Vorbereitung zum Weltkrieg,* p. 100.

219. *Documents allemands,* N° 368.

220. *Documents allemands,* N° 359.

221. Cf. les dépositions dans le procès Soukhomlinow, *Die volkerrechtlichen Urkunden des Weltkrieges (Jahrbuch des Volkerrechts,* Vol. IV), en outre d'Eggeling. *Die russische Mobilmachung und der Kriegsausbruch,* Oldenburg, 1919, p. 36 et suiv., ainsi que les *Documents allemands,* Nᵒˢ 401, 445.

222. *Documents allemands,* N° 373 ; *Livre Bleu,* N° 85.

222. *Livre Orange russe,* N° 58.

224. *Livre Jaune,* N° 101.

225. *Documents allemands,* N° 327 ; Commission d'enquête, p. 12.

226. *Documents allemands,* N° 370; cf. aussi R. Hoeniger, *Fürst Tundutow über die russische Mobilmachung, Deutsche Rundschau,* 1918, p. 156.

227. Commission d'enquête, p. 12.

228. Commission d'enquête, p. 13, 154.

229. Commission d'enquête, p. 135.

230. *Documents allemands,* N° 396.

231. *Documents allemands,* N° 390.

232. Cf. Commission d'enquête, p. 141.

233. *Documents allemands,* N° 420.

234. *Documents allemands*, N° 421.

235. Commission d'enquête, p. 14.

236. Commission d'enquête, p. 155, Tundutow, p. 157 et suiv.

237. *Documents allemands*, N° 534.

238. *Documents allemands*, N° 355.

239. *Documents allemands*, N° 480.

240. *Documents allemands*, N° 487.

241. *Documents allemands*, N° 535.

242. Commission d'enquête, p. 55.

243. *Documents allemands*, N° 490.

244. *Documents allemands*, N° 491.

245. *Documents allemands*, N° 528.

246. Pokrowski, *Aus den Geheimarchiven des Zaren*, Berlin, 1919, p. 31.

247. Rapport de Cambon du 1er août 1914. *Livre Jaune*, N° 126.

248. *Documents allemands*, N° 596 ; *Livre Bleu*, N° 123.

249. *Documents allemands*, N° 571 ; Cf. aussi le télégramme de Viviani, du 31 juillet, à Pétersbourg, *Livre Jaune*, N° 117.

250. *Documents allemands*, N° 562.

251. *Documents allemands*, N° 575.

252. Cf. l'article du général major à la disposition de Haeften sur les « *Steinerschen Enthüllungen* » dans la *Deutsche Allgemeine Zeitung* du 11 octobre 1921, N° 477.

253. *Documents allemands*, N°ˢ 603, 612.

254. Commission d'enquête, p. 155.

255. *Ibidem*.

256. *Livre Orange*, N° 76.

257. *Documents allemands*, N° 600.

258. Corbett, p. 29.

259. *Livre Bleu*, N° 148 ; *Documents allemands*, N° 784.

260. *Documents allemands*, N°ˢ 376, 648.

261. *Documents allemands*, N° 739.

262. *Documents allemands*, N° 811.

263. *Documents allemands*, N° 714.

264. Commission d'enquête, p. 155.

265. *Documents allemands*, N° 734.

266. *Documents allemands*, N° 771.

267. *Documents allemands*, N°ˢ 839, 848.

PARIS
IMPRIMERIE EUGÈNE PICQUOIN
53, RUE DE LILLE, 53

9 782329 174785